读史札记 叁

张延庆／著

齊鲁書社
·济南·

图书在版编目（CIP）数据

读史札记. 叁 / 张延庆著. -- 济南 : 齐鲁书社, 2024. 12. -- ISBN 978-7-5333-5063-5

Ⅰ. K0-53

中国国家版本馆CIP数据核字第2024753JF7号

责任编辑　李军宏　井普椿
装帧设计　刘羽珂

读史札记（叁）

DUSHI ZHAJI SAN

张延庆　著

主管单位	山东出版传媒股份有限公司
出版发行	齊魯書社
社　　址	济南市市中区舜耕路517号
邮　　编	250003
网　　址	www.qlss.com.cn
电子邮箱	qilupress@126.com
营销中心	（0531）82098521　82098519　82098517
印　　刷	日照日报印务中心
开　　本	880mm×1230mm　1/32
印　　张	5.75
插　　页	3
字　　数	180千
版　　次	2024年12月第1版
印　　次	2024年12月第1次印刷
标准书号	ISBN 978-7-5333-5063-5
定　　价	36.00元

序言一

为张延庆著《读史札记（叁）》献序，大概是我20余年来所撰近30篇序中最为特别的一例。盖既往的献序对象，多是学界同仁、门生弟子的著作，间有官书，主编或主事者也是熟人；而我之于张延庆，从未谋面，从未打过交道，我又崇尚“知世论人，知人论书”的读书方法，所以当一个多月前，“中介人”、齐鲁书社原总编辑傅光中编审委托我为《读史札记（叁）》写序时，我习惯性地婉拒了；光中却或紧或慢、也不依不饶地“开导”我说：这书还是值得看看的，《读史札记》“壹”“贰”都是半年二刷，可见社会反响很好；张延庆读史，立意虽不在“学院派”的考据，但作为文章老手，其书不仅辞章甚佳，而且义理颇丰，老兄一定会喜欢的；云云。于是我答应试试，并请傅兄赐寄《读史札记》“壹”“贰”两册供我学习。

近几天得闲，我先读了《读史札记》“壹”“贰”之自序、附录、后记，遂知延庆其人之轮廓：河北农村、山东县城、省会济南三地经历，教师、编辑、作家三重身份，而立到不惑之年开始读史，“读了二十年”“思绪万千”，近年开始写史。再读“壹”“贰”的两篇他序，赵兴胜馆长叹美《读史札记》为可信、可读、可敬的“好书”，杨朝明教授推誉“延庆先生的著作具有中国正史‘导读’的功能”，而我粗粗翻阅下来的感觉，赵、杨两位的大序可谓诚哉斯言，并未溢美；更追究之，《读史札记》之弘扬正能量、富有家国情怀、“一本正经”地以史论道、感情充沛地茹古涵今等，又或与作者的身世经历有关吧，比如河北、山东之地域文化的影响，我就从书中品出了燕赵悲歌的苍凉、激越、凝重、悠远，孔孟儒家的仁爱、礼乐、纲常、正气……

然则《读史札记》之为可读的“好书”，我以为尤应肯定的关键之处，恐怕还在其或契合或巧合或致敬或模仿了南朝刘宋临川王刘义庆主编的《世说新语》。此话怎说？

以言篇目，《世说新语》凡 36 篇：德行，言语，政事，文学，方正，雅量，识鉴，赏誉，品藻，规箴，捷悟，夙惠，豪爽，容止，自新，企羡，伤逝，栖逸，贤媛，术解，巧艺，宠礼，任诞，简傲，排调，轻诋，假谲，黜免，俭啬，汰侈，忿狷，谗险，尤悔，纰漏，惑溺，仇隙；《读史札记》“壹”之 59 篇、“贰”之 44 篇、“叁”之 28 篇，也皆为类似风格的二字标题，这样的标题其实并不容易拟出，由此显见作者的用心经营，其中容止、惑溺两题，又正是《世说新语》的篇目。《世说新语》的“容止”意为“容貌举止”，《读史札记（贰）》的“容止”则扩而大之为“英气勃发”的“感召力”、“明辨是非”的“自控力”、“先行先试”的“意志力”；《世说新语》的“惑溺”意为“沉迷情恋”，《读史札记（贰）》的"惑溺"则引而申之为无论"顺其自然"还是"上天注定"、无论"自惑"还是"惑人"，其弊其害可不鉴戒？

以言内容，《世说新语》本名《世说》，"世说"即世间众说、世间各种道理的解说，通过讲故事而说道理谓之"说"，"说"又通常涉及言与行两方面，这也符合"察其言，观其行"的人物品评标准；《读史札记》同样深谙此道，且更发明之、揭示之，以期晓谕众生。如《世说·汰侈》12条，所记多为骇人听闻的奢侈浪费，但仅白描文字而已，盖认读者能够自悟其中大义；《读史札记（叁）》也有《奢靡》一篇，直引典型史料以后，点明何曾"人或请谥'缪丑'"、司马道子"先被废徙，后被毒杀"、"梁松死狱中，窦固禁家中"的结局，这与诗人"历览前贤国与家，成由勤俭破由奢"的吟咏节拍一致，也是"俭，德之共也；侈，恶之大也。吾信矣夫"的史家感叹吧！再如《世说·文学》104条，所录儒玄文史佛道之言行轶事，精彩纷呈；《读史札记（叁）·尊学》则旨趣指向儒学，所谓"尊崇之事，尊学为大""尊学之大，尊儒为先"，那如何尊儒呢？诸如"帝王之师，岂能不拜""肃揖为轻，再拜可矣""古今之师，侮渎可乎""天下圣贤，不礼可乎""天下圣贤，礼之可矣""向儒之心，唯实唯细""向学之心，渐谕渐明"……此等尊学、尊儒，又或为作者张延庆"边看边想边写"的创作状态之写实、格致诚正修齐治平的人生定位之自况吧。

要之，篇目类同《世说》、内容追慕《世说》的这三册《读史札记》，譬若当今《世说》应不为过。近1600年前刘义庆的《世说》，“记言则玄远冷隽，记行则高简瑰奇”（鲁迅语），“中国的风流宝鉴”（冯友兰语）；其开篇为“德行”，首条为“陈仲举言为士则，行为世范，登车揽辔，有澄清天下之志”，则表达了“足为宗室之表”的刘义庆之价值取向与道德准则。至于当今张延庆版的《世说》，以“褒忠”开篇，贬斥乱臣贼子之无廉耻，颂扬“人立天地间，忠接天地事”，同样彰显了一介书生张延庆的立身中正、引领浩大；而其取材之广、寓意之深、旨趣之远、文章之美，也让吾人展卷在手，既邈然长想天地人神，也拍案嗟叹兴衰成败……

因为这样的长想、嗟叹，我理解了《读史札记》“壹”“贰”为何都是半年二刷，想来《读史札记（叁）》也不会例外吧；我同意了好友傅光中“老兄一定会喜欢的”判断，《读史札记》“壹”“贰”大概会成为我睡前夜读的枕边书。而借着这次献序的机会，我还特别建议虽然仍未谋面、但算打过交道的张延庆，今后是否有可能三册合一，按照“以类相从”、由正而负的原则，重排篇目，做出一部《延庆世说》的大书，从而成就一回“百柱大成”的圆满？

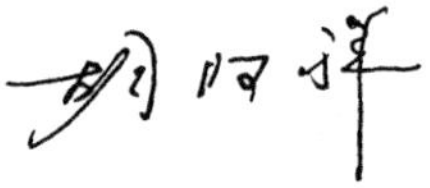

2024 年 12 月 10 日于南京大学历史学院

（胡阿祥，南京大学历史学院教授，六朝博物馆馆长，

江苏省文史研究馆馆员）

序言二

能够结识延庆兄，要感谢齐鲁书社傅光中先生。光中仁兄推荐我们相识，盛赞延庆读史深入而有灼见。读其书，识其人，让我产生了强烈共鸣，我们竟成为非常谈得来的挚友。

我学习历史出身，崇拜像清代考史名家赵翼《廿二史劄记》、王鸣盛《十七史商榷》、钱大昕《廿二史考异》之类的著作，这些书注重正史，精于经史，博闻强识，纵横自如，令治史者倾倒。初次看到延庆兄的《读史札记（壹）》，看到他也以正史为主，同样是面对上下数千年。他也在时空中自由穿梭，于历代史载信手拈来，而且以“札记”为名。延庆不是考辨古史，不是学术考据，但在他的笔下，历史像一幕幕活剧，相似的情景、相通的情节、相近的情感，都可以被随时提取出来，竟都是那样收放自如，那样鲜活生动。延庆不是描述，不是平铺直叙，在他的笔下，可以不分前代与后代、今人与古人，这也许就是历史的价值，是读史的意义所在。

延庆读史，是浏览与阅读，但他更在不断沉思，他是在浏览社会，阅读人生。历史学家“求真”，穷究历史真相是历史学的任务，历史学家应当“责善”，这应该是历史学的更高追求。明白真相十分重要，导人向善更有价值。有文化名家说历史“永远追不到真相”，《三国志》的影响也确实不如《三国演义》，“天下大势，分久必合，合久必分”这样的归纳正出于后者。中华文化追求“止于至善”，在“求真”的基础上“责善”以“资治”，追求真、善、美的统一。几千年的中国史学传统，其高妙与精到也在于此。孔子作《春秋》“乱臣贼子惧”，书中“寓褒贬，别善恶”，寄寓了微言大义，奠基了中国史学的美好传统。有人说《春秋》是“断烂朝报”，是他没有读懂孔子。

读孔孟和儒家经典久了、多了，往往就自觉不自觉地“以孔孟之是非为是非”。颜回“优入圣域”，他说孔子“仰之弥高，钻之弥坚”，难道不是这样吗？我尊重儒学，不介意朋友批评我是“原教旨主义者”，相反只是担心自己没有“照着讲”的能力，总想走近孔孟，唯恐离得太远。读延庆兄的文字，我也以此量比。例如，延庆的书中有《严重》篇，他说：严重者或不苟言笑，严重者或大义灭亲；通达者人或重之，有行者人或重之。他还说，别开生面处，清机忽满胸。严重非严重，严重生严重。于是，我就想到孔子所说的“君子不重则不威”。延庆的书中有《激之》篇，他说：激之以成其美，激之以逞其功，激之以成其谋，激之以逞其志，激之以成其私，激之以成其奸，激之以成其远。于是，孟子的话此时就飘然而至：“搏而跃之，可使过颡；激而行之，可使在山。是岂水之性哉？其势则然也。”正与不正，较于孔孟。

延庆称，所偏爱的《左传》处处展示因果轮回，“二十四史”充斥天人感应，不知这是否像延庆兄所说“是史家的痛苦、无奈和呐喊”。从很早的时候起，中华先哲就从天人关系出发，所思考的第一层问题是“天”与“天下”的关系，从天文历法的顶级宇宙确定性出发，把人类锚定在天地之间，中华文化由此具备了“大中至正”的前提。中华先圣“明本末以立中”“立中以补损”，历代中国就在“损益”中“守正”发展。君子“贵乎天道”，就是重视“天道”与“天理”，认识到“贤者识其大”，要“先立乎其大”，遵循天道，服从天理，不可无法无天。

在《读史札记（叁）》中，同样透露出延庆兄平静夜晚读书时的激越心境。书中的忠孝节义，书中的声声吐纳，同样有穿越，有激荡。他在《鄙诞》篇讲“鄙诞”之事，所举之例，有不近于理者，有不明于情者，有不明于礼者，有不明于俗者，有不明于治者。他说：人或有鄙诞之性，事或有鄙诞之况，因性败事者正以有之，由其性而败其事是也。治国以正，不以奇邪。治事以正，不以奇邪。因为有如此理解，所以延庆在《左道》篇议论说：左道非正，自惑难原；他也很赞同孔子所说：执左道以乱政者杀，假鬼神以危人者杀。在《厚黑》篇中，延庆感慨：人之多幸，国之不幸。厚黑流布，公义遁形。公然蛊惑人主，公然以危为安。厚黑之名留，其间轮回何可言状！这似乎已经近于无奈了。但从历史大势而言，孔子所说还是令人欣慰的：“人之生也直，罔之生也幸而免。”人显然不能依靠侥幸活着。历史不是这样吗？那些具厚黑之名者已经记于史、流于今，遗臭万年了！《老子》说“死而不亡者寿”，人活着“已经死了”，更可怕，更可悲。延庆在《异同》篇中说得好：人要清荡荡，明荡荡，坦荡荡，有公无私。

在历史中漫步、行走、疾行，延庆在对历史的对望或凝视中，思维也跃升至哲理层面。在《读史札记（贰）》的“序言”中，我说他的著作有正史“导读”功能，他与历代史家心灵对话，思想交接，篇幅短小却意味深长，显示了他的素养与情怀。他的感悟令人钦佩，让人起敬。延庆说，读史以安身立命，读史以闻鸡起舞，读史以拍案而起。他念念不忘的到底是什么，他读史的沉静与动能，很值得推许。

很荣幸能先睹为快，很感动又为《读史札记（叁）》作序。只是像顾炎武告诫的“人之患在好为人序”，于是我心中忐忑，恐不能准确理解延庆，辜负大著。但顾炎武还说“凡书有所发明，序可也”。延庆走在历史里，也站在历史高端上。他抒发情感，带读者享受读史的快乐与激动。仅此一点，此书就值得特别推荐。

是为序！

2024 年 12 月 6 日于济南百花公寓

（杨朝明，山东大学儒学高等研究院特聘教授，博士生导师）

自 序

一

所有当下，必成过往。写了《读史札记（壹）》《读史札记（贰）》，我不再惶惑。出版之后，无暇其他，因《读史札记（叁）》，已悄然开始。沉下心来，继续爬梳，继续淬炼，也继续点化成章。

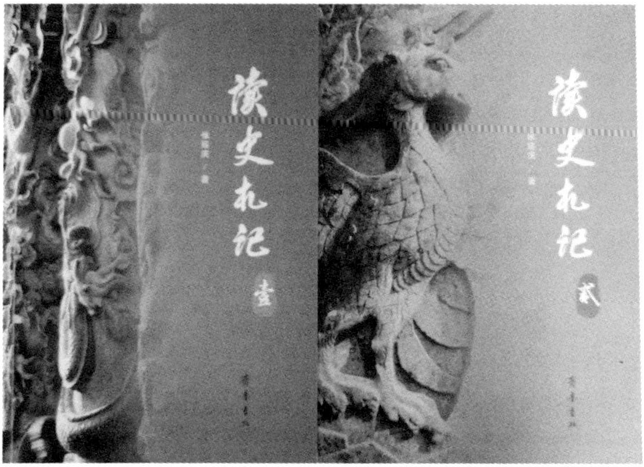

《读史札记（壹）》
《读史札记（贰）》书影

黑夜来临时，我不再东奔西突，早早入睡，早早起来，无与伦比的清晰，总能跃然而出，竟也全是挚爱。

当我睡去时，有人在劳作，有人在疾行，也有人夜不能寐。

平静下面，必有惊涛。实际上，亦常有惑，惑时就去看，就去思，就去写。这是他救，也是自救。

深入一点，再深入一点，能不能更深入一点？这里有人气，有正气，也有鬼气。这里有烟火气，有帝王气，也有圣贤气。

岳飞被杀，宋孝宗有言："卿家冤枉，朕悉知之，天下共知其冤！"①

朱熹死后，辛弃疾有言："所不休者，垂万世名；孰谓公死，凛凛犹生。"②

文武有别，垂名各异，大奸面前有大忠，圣贤之魂照挑梁。静静流过的，是岁月，更是人心。

二

边看边想边写，我不得不把自己置于无尽的阅读思考中。过去看的现在忘了，还没看的唯有恶补。伴随着少许的郁闷，这不间断、无规律出现的篇章，如同习惯一般，站在了我的面前。

---

① 转引自邓广铭《岳飞传》（生活·读书·新知三联书店 2007 年版）之"附录一"，为宋孝宗对岳飞之子岳霖所言。

② 转引自邓广铭《岳飞传》（生活·读书·新知三联书店 2007 年版）之"编后"，为辛弃疾祭奠朱熹语。

你是自己的过客，匆匆中留下印记。这泯不去的印记，如你的胃对豆浆油条的偏好，吸吮着油腻，强化着味蕾。这印记，也如同一个人的行踪，你试图绕过去，却总是徒劳。因为你发现，他就是你，于是你不能平静，也不能走开。端详着，你不知所措，他也不知所措。

可以把第一本“札记”看作诗歌，可以把第二本“札记”看作杂文，而第三本呢，第三本可以是什么？似乎可视作长啸，或叫作短啸。因为我愈发激烈，只能以更快速的滑动，去接住偶尔落下的果子。

苦难很长，人生很短。① 历史中，人不但渺小，还似乎悲切。但悲切可以引领美妙，引领时尚，引领浩大。

三

深夜醒来，我从床上移到沙发，平躺下来。这时，一只手偶尔滑下，滑得有力，我想抬起，却软绵得很。这是无力，抑或无助？

无边宁静中，我似乎滑向了生死的边缘，虚幻感陡然升起。这个世界，依然有动荡不安，依然有生离死别，依然有居无定所，依然有泪眼婆娑。我把手抬起来，想伸出去，但依然徒劳，手又无力地垂了下来。

---

① 转引自张爱玲《公寓生活记趣》，原文为：“长的是磨难，短的是人生。”

明万历十五年底（1587），海瑞死了。死讯传出，北京负责人事的官员大大松了口气。因为他们再也用不着，去为这位到处惹是生非的官员，去操心作安排了。① 这会是真的吗？

海瑞像

读史以安身立命，读史以闻鸡起舞，读史以拍案而起，我念念不忘的，是疾走，是飞翔，是特立独行吗？！

① 转引自黄仁宇《1587：万历十五年【增订纪念本】》（中华书局2007年版）。

目 录

相　较

较其人，较其事，较其时，较其势，相较相称而已，权其利害而已。

皆有瑕疵，裁之者何？晋武帝泰始初年，益州监军位缺，朝议用杨宗、唐彬。时宗为武陵太守，彬为弋阳太守。然彬多财欲，宗则好酒，人或难之。《晋书·唐彬传》于此接续云：

> 帝曰："财欲可足，酒者难改。"遂用彬。

益州东接吴境，彬于是上平吴之策，吴平，擢彬右将军。

拂衣而去，度之者何？宋理宗纯祐年间，淮东提举常平司辟常楙提管，楙知其不可与共事，笑而却之。《宋史·常楙传》于此接续云：

> 未几，政府强楙行，（楙）遂拂衣去，朝野高之。

皆为儒生，高下者何？光武帝幸太学，适诸博士论难，桓荣被服儒衣，温恭有礼让，不以辞长胜人。《后汉书·桓荣传》于此接续云：

> 后荣入会庭中，诏赐奇果，受者皆怀之，荣独举手捧之以拜。帝（按，即汉光武帝刘秀）笑指之曰："此真儒生也。"以是愈见敬厚，常令止宿①太子宫。

桓荣像

较其人而用之，较其人而却之，较其人而显之，何邪？

① 止宿：停留住宿。

再至再行，考量者何？鲁定公十三年（前 497），卫灵公闻孔子来，喜而郊迎之。虽然，灵公老而怠于政，不用孔子。孔子行，而后反乎卫。《史记 · 孔子世家》于此接续云：

孔子像

（鲁哀公二年）……（卫灵公）与孔子语，见蜚雁①，仰视之，色②不在孔子。孔子遂行③，复如陈。

不行而行，截然者何？桓玄辅晋，桓谦以王弘之为卫军参军。《宋书 · 王弘之传》于此有云：

时琅邪殷仲文（按，桓玄内弟，时为谘议参军，时在东晋安帝之世）还姑孰，祖送④倾朝，谦（按，时为尚书左仆

---

① 蜚雁：即“飞雁”。
② 色：神色，心思。
③ 行：离开。
④ 祖送：犹饯行。

> 射、吏部尚书）要弘之同行，答曰："凡祖离送别，必在有情，下官与殷风马不接，无缘扈从。"谦贵其言。

《宋书》接续有云："（弘之）母随兄镇之之安成郡，弘之解职同行，荆州刺史桓伟请为南蛮长史。"

取之以速，抑或以众？北魏末年，有元伯生者，率数百骑，东奔西突，屠陷坞壁，所在为患。孝武帝遣将讨之，请以五千人行。《周书·段永传》于此接续云：

> 永（按，时为左光禄大夫、平东将军）进曰："此贼既无城栅，唯以寇抄为资，安则蚁聚，穷则鸟散，取之在速，不在众也。若星驰电发，出其不虞，精骑五百，自足平殄①。若征兵而后往，彼必远窜，虽有大众，无所用之。"

孝武然其计，命永代之，以五百骑破平之。

较其事而去之，较其事而异之，较其事而平之，何邪？

令行禁止，止息者何？东魏之世，钱币轻滥，于是改铸五铢。名实相称，但听入市，重不五铢，并不听用焉。《魏书·食货志》于此接续云：

> 其小薄之钱，若即禁断，恐人交乏绝。畿内五十日，外

① 平殄：平定殄灭。

州百日为限。群官参议，咸以时谷颇贵，请待有年[①]。上（按，即孝静帝元善见）从之而止。

无以异之，何以不纳？司徒崔浩欲齐整人伦，分明姓族。其外弟卢玄曰："创制立事，各有其时，乐为此者，讵[②]几人也？宜三思。"[③] 时在北魏太武帝之世，时玄为侍郎、范阳大中正。《北史·卢玄传》于此接续云：

浩当时虽无以异之，竟于不纳。浩败（按，因"国史之狱"被族诛），颇亦由此。

时移事异，何以不听？庞师古自微时事朱温，未尝离左右，及为将出兵，必受方略以行，非温之命不动。唐昭宗乾宁四年（897），朱温遣师古攻杨行密。师古营清口，地势卑，或请就高为栅，师古以非温命不听。《新五代史·梁臣传·庞师古传》于此接续云：

淮人（按，时杨行密为淮南节度使）决水浸之，请者告曰："淮人决河，上流水至矣！"师古以为摇动士卒，立斩之。

---

① 有年：丰收；年成好。

② 讵：犹"岂""哪里"。

③ 见《北史·卢玄传》。

已而①水至，兵不能战，（师古）遂见杀。

较其时而止之，较其时而劝之，较其时而告之，何邪？

莅虢莅鄂，治何不同？唐文宗之世，崔郾迁礼部侍郎，出为虢州观察使。亦在文宗之世，郾改鄂、岳等州观察使。“（郾）治虢以宽，经月不笞一人。及莅鄂，则严法峻诛，一不贷。”②《新唐书·崔邠传》附《崔郾传》于此接续云：

或问其故，（郾）曰：“陕（按，即虢州）土瘠而民劳，吾抚之不暇，犹恐其扰；鄂土沃民剽，杂以夷俗，非用威莫能治。政所以贵知变者也。”闻者服焉。

邀之脱之，何其相反！齐襄公之立，政令无常。乱将作，鲍叔牙奉公子小白奔莒。襄公被弑，管夷吾等奉公子纠奔鲁。闻乱，小白自莒先入，是为齐桓公。鲁欲纳纠，与齐战，败绩。鲍叔牙率师问罪，鲁杀公子纠。《左传·庄公九年》于此接续云：

管仲（按，即管夷吾，公子纠之傅）请囚③，鲍叔（按，即鲍叔牙，公子小白之傅）受之，及堂阜（按，齐地）而税④

---

① 已而：不久；继而。

② 见《新唐书·崔邠传》附《崔郾传》。

③ 请囚：请求把自己囚禁起来送回国。

④ 税：脱，释放。

之。(鲍叔牙）归而以告曰："管夷吾治①于高傒②，使相③可也。"公（按，即齐桓公，齐襄公、公子纠之弟）从之。

鲍叔牙像

其俗已然，较之何难！唐中宗即位，郑惟忠擢黄门侍郎。《新唐书·郑惟忠传》于此有云：

时议禁岭南酋户不得畜兵，惟忠曰："善为政者因其俗。

① 治：治国之才。

② 高傒：齐之上卿。

③ 相：辅佐。

且吴人所谓家鹤膝[①]、户犀渠[②]，此民风也，禁之得无扰乎?”遂止。

较其势而治之，较其势而用之，较其势而顺之，何邪?

逆其势而遽行之，可乎?《北史·苏绰传》附《苏威传》有云：

> 江表自晋已来[③]，刑法疏缓，代族贵贱，不相陵越。平陈（按，隋灭南陈）之后，牧人者尽改变之，无长幼悉使诵五教[④]。威（按，时为尚书右仆射，持节巡抚江南）加以烦鄙之辞，百姓嗟怨。

隋文帝责以太急，而旧陈率土皆反，怒曰：“更使侬诵五教邪!”[⑤]

---

① 鹤膝：武器名，一种矛刃下部细如鹤胫的矛。

② 犀渠：用犀皮制成的盾牌。

③ 已来：同“以来”。

④ 五教：五常之教。指父义、母慈、兄友、弟恭、子孝五种伦理道德教育。

⑤ 见《北史·苏绰传》附《苏威传》。

缓　急

仰不愧于天，俯不怍于人，君子之乐也。①

大震过后，存恤当速，缓则怠矣。元成宗大德八年(1304)，晋地大震，平阳尤甚，压死者众。《元史·郑鼎传》附《郑制宜传》，于此接续云：

元成宗铁穆耳像

① 见《孟子·尽心上》，原文为：“君子有三乐……仰不愧于天，俯不怍于人，二乐也。……”

……制宜（按，时为大都留守、少府监、武卫亲军都指挥使）承命存恤，惧缓不及事，昼夜倍道兼行，至则亲入里巷，抚疮残①，给粟帛，存者赖之。

大旱面前，欲赈当速，缓则怠矣。《明史·张汉卿传》有云：

（嘉靖元年冬）应天诸府大旱，帝（按，即明世宗朱厚熜）将鬻淮、浙余盐及所没产，易银振之。汉卿（按，时为户科都给事中）言："易银缓，非发帑金②不可。"帝为发银十五万。

未几，汉卿复偕同官上疏，其中有言："今东南洊饥③，民至骨肉相食，而搜括之令频行，臣等窃以为不可。"④ 缓急之下，忧心可触焉。

危难之际，欲救当速，缓则怠矣。同在《明史》，同在此卷，曰韬救父老，东郊救曰韬，忧心亦可触焉。

明武宗南巡，江彬纵其党横行州县。将抵常州，民争欲亡匿。时曰韬为常州推官，约父老与之力格。彬党至，父老遮之境上，

① 疮残：犹伤残。

② 帑金：钱币，多指国库所藏。

③ 洊饥：连年饥荒。

④ 见《明史·张汉卿传》。

怒斥之。“（父老）言已，彬（按，即江彬，时为都督佥事，统四镇军）党疑有他变，乃稍退，驰使告彬。”①

恰御史东郊行部过常州，谓事迫矣。《明史·张曰韬传》于此接续云：

> （郊）命曰韬登己舟先发，自以小舟尾之。彬党果大至，索曰韬，误截御史舟。郊使严捕截舟者，而阴令缓之。

于是，彬党散去，曰韬遂免。

变乱在即，欲去从速，缓则怠矣。北周宣帝之世，杨尚希抚慰山东、河北，至相州而帝崩，与相州总管尉迟迥发丧于馆。《隋书·杨尚希传》于此接续云：

> 尚希出谓左右曰：“蜀公（按，即尉迟迥，封爵蜀国公）哭不哀而视不安，将有他计。吾不去，将及于难。”遂夜中从捷径而遁。迟明，迥方觉，分数十骑自驿路追之，不及，（尚希）遂归京师。

后是，尉迟迥起兵，兵败被杀。

机不可失，欲战从速，缓则怠矣。苏烈征阿史那贺鲁，出金山北，斩首数万级，贺鲁西走。时在唐高宗之世，时烈方为伊丽

① 见《明史·张曰韬传》。

道行军大总管。《新唐书·苏烈传》于此接续云：

> 会大雪，吏请少休，定方（按，苏烈字定方）曰："虏（按，阿史那可汗贺鲁所领之西突厥，唐高宗李治即位后叛唐）恃雪，方止舍①，谓我不能进，若纵使远遁，则莫能禽。"

《苏烈平百济国碑铭》（上图）、局部（下图）

① 止舍：驻扎宿营；安顿休息。

遂勒兵进，纵击之，缚贺鲁。

无独有偶。宋理宗绍定六年（1233），孟珙连击武仙，武仙谋往商州。珙曰："进兵不可缓。"① 时积雨未霁，人或患之，珙曰："此雪夜擒吴元济（按，唐宪宗元和十二年，唐邓节度使李愬雪夜袭蔡州，生擒淮西节度使吴元济）之时也。"② 《宋史·孟珙传》于此接续云：

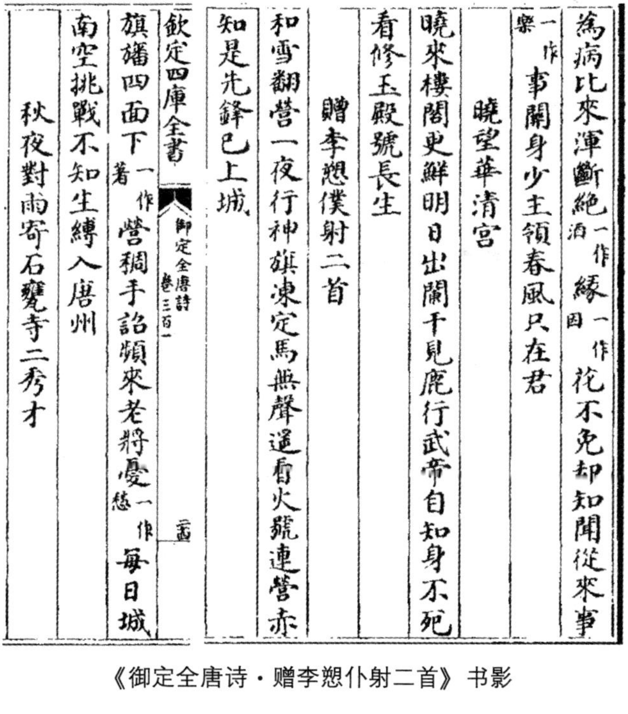
為病比來渾斷絕一作酒緣一作因花不免却知聞從來事
一作樂事闌身少主領春風只在君
曉望華清宮
曉來樓閣更鮮明日出闌干見鹿行武帝自知身不死
看修玉殿號長生
贈李愬僕射二首
和雪翻營一夜行神旗凍定馬無聲遥看火號連營赤
知是先鋒已上城
欽定四庫全書 御定全唐詩 卷三百一 五
旗幡四面下一作著營稠手詔頻來老將憂一作愁每日城
南空挑戰不知生縛入唐州
秋夜對雨寄石甕寺二秀才

《御定全唐诗·赠李愬仆射二首》书影

---

① 见《宋史·孟珙传》。

② 见《宋史·孟珙传》。

> 自寅至巳力战，九砦一时俱破，武仙（按，金将）走，追及于鲇鱼砦，仙望见，易服而遁。

武仙侥幸得脱，其众七万人降。

缓急急也，活之有力，救之有力，战之有力，应之有力，畅哉大道！

激　之

激之以成其美。明武宗驾崩，首辅杨廷和等定策迎世宗。廷和欲以梁储行，而虑储年老惮行，乃佯惜其惫老，阻其行。《明史·梁储传》于此接续云：

梁储像

> 储（按，时为少师、太子太师、华盖殿大学士）奋曰："事孰有大于此者，敢以惫辞！"遂与定国公徐光祚等迎世子（按，即明世宗朱厚熜，兴献王朱祐杬之子，明武宗朱厚照堂弟）安陆（按，即湖广安陆州，朱祐杬就藩地）邸。

激之以成其功。唐武宗会昌三年（843），昭义军节度使刘从谏死，都知兵马使刘稹据镇反，诏命讨乱。《新唐书·刘沔传》于此有云：

> 会王宰（按，时为忠武军节度使）逗留，宰相李德裕表沔（按，时为河东路节度使）镇河阳，以滑（按，即滑州）兵二千壁万善（按，即万善镇），居宰肘腋下，激之俾出军。

刘稹乱平，传首京师。

激之以成其谋。子之相燕，苏代与之善。《史记·燕召公世家》于此有云：

> 苏代为齐使于燕，燕王（按，即燕哙）问曰："齐王（按，即齐宣王田辟疆）奚如①？"对曰："必不霸。"燕王曰："何也？"对曰："不信其臣。"

① 奚如：如何，怎样。

《史记》于此接续云："苏代欲以激燕王以尊子之也。于是燕王大信子之。子之因遗苏代百金，而听其所使。"

于是燕乱，于是齐伐燕，于是燕王死。

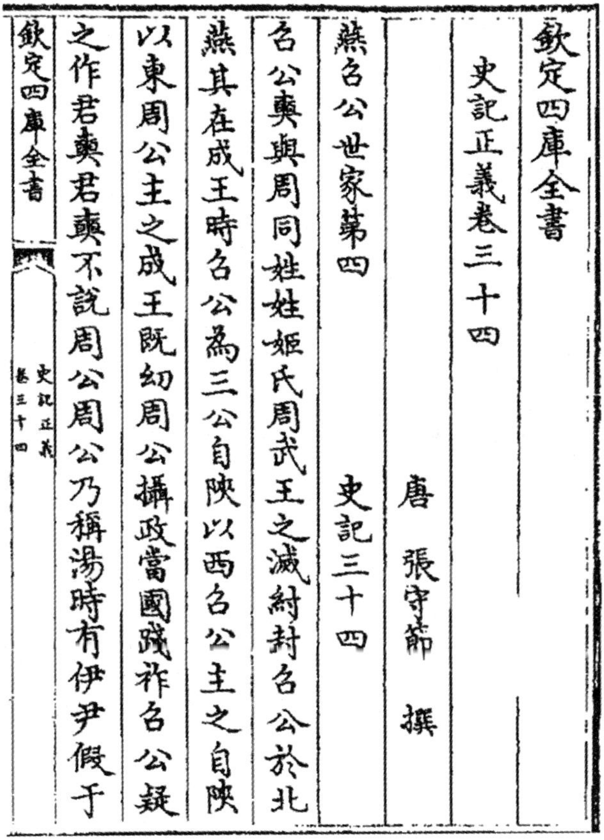
欽定四庫全書

史記正義卷三十四

唐　張守節　撰

燕召公世家第四　史記三十四

召公奭與周同姓姓姬氏周武王之滅紂封召公於北燕其在成王時召公為三公自陝以西召公主之自陝以東周公主之成王既幼周公攝政當國踐祚召公疑之作君奭君奭不說周公周公乃稱湯時有伊尹假于

欽定四庫全書　史記正義　卷三十四

《史记正义·燕召公世家》书影

激之以逞其志。朱友珪弑父自立，朱友贞密谋讨之。是时怀州龙骧屯兵叛，方捕索之。友贞乃伪为友珪诏书，发左右龙骧在开封者皆还都城洛阳。时友贞为东京留守、开封尹。《新五代史·梁本纪第三》于此接续云：

> ……（友贞）因激怒之曰："天子（按，即后梁废帝朱友珪）以怀州屯兵叛，追汝等欲尽坑之。"

诸将皆泣，莫知所为。于是，友贞乘势，激怒之曰：

> 先皇帝（按，即后梁太祖朱温）经营王业三十余年，今日尚为友珪所杀，汝等安所逃死乎！①

友贞因出朱温画像示诸将，激怒之曰："汝能趋洛阳擒逆贼，则转祸为福矣。"② 三激之下，众人腾勇，于是友珪被弑，友贞即位。

激之以成其私。汉武帝元光之中，河决于瓠子，于是兴人徒塞之，辄复坏。《史记·河渠书》于此接续云：

> 是时武安侯田蚡为宰相，其奉邑③食鄃。鄃居河北，河决而南则鄃无水灾，邑收多。蚡言于上曰："江河之决皆天事，

① 见《新五代史·梁本纪》。

② 见《新五代史·梁本纪》。

③ 奉邑：以收取赋税作为俸禄的封地。

未易以人力强塞，塞之未必应天。”

于是不复塞矣。后二十岁，卒塞瓠子，导河北行，无复水灾。

激之以成其奸。隋文帝开皇之末，突厥犯塞，史万岁讨破之，杨素寝其功。万岁上表陈状，文帝未之悟。会废皇太子，穷治东宫党羽。《北史·史万岁传》于此接续云：

隋文帝杨坚像

上（按，即隋文帝杨坚）问万岁（按，时为河州刺史、行军总管）所在，万岁实在朝堂，杨素（按，时为尚书右仆射）见上方怒，因曰：“万岁谒东宫（按，即太子杨勇）矣。”以激怒上。上谓信然，令召万岁。

万岁见文帝，极言株连之害，文帝怒杀之。

激之以成其远。元顺帝至正十三年六月，中书省有奏：

> 江浙、福建举人，涉海道以赴京，有六人者，已后会试之期，宜授以教授之职；其下第①三人，亦以教授之职授之。非徒慰其跋涉险阻之劳，亦及激劝远方忠义之士。②

激励有之，激怒有之，激劝有之，奈何，奈何！

---

① 下第：殿试或乡试没考中。

② 见《元史·百官志》附《选举附录科目》。

异　同

宫中府中，俱为一体，陟罚臧否，不宜异同。①

明世宗即位，尝会廷臣议发内帑给军廪官俸，已报可，为中官梁谏等所沮。于是，户部尚书孙交言："宫府异同，令出复反，非新政所宜。"②

世宗不听。何以不听？从其私也。

明世宗即位，林俊已致仕，复起刑部尚书。时中官葛景等奸利事觉，为言官所纠，诏下司礼监察讯。《明史·林俊传》于此接续云：

> 俊言内臣犯法，法司不得讯，是宫府异体也，乞下法司③公讯，以昭平明之治。

---

① 见诸葛亮《出师表》。

② 见《明史·孙交传》。

③ 法司：掌司法刑狱之官署。

世宗不听。何以不听？从其私也。

商人输粟河北，取偿京师，而榷货（按，即榷货务）不即予钞，久而鬻之，十才得其六。或建议出内帑①钱，稍增价与市，岁可得羡息②五十万。③

《宋史·范镇传》于此有云：

镇（按，时为起居舍人、知谏院，时在宋仁宗之世）谓："外府内帑，均为有司。今使外府滞商人，而内帑乘急以牟利，至伤国体。"仁宗遽止之。

東齋記事提要
東齋記事六卷宋范鎮撰鎮字景仁華陽人仕履事迹具宋史本傳是書據其自序乃元豐中作宋藝文志作十二卷文獻通考作十卷舊本久佚未能考其孰是今採輯永樂大典所收以類編次釐爲五卷又江少虞事實類苑曾慥類說亦多引之今刪除重複續爲補遺一卷雖未必鎮之完書然以宋志及通志所載卷數計之幾于得其强半矣王得臣麈史載是書爲鎮退居時作故所記蜀事較夥晁公武讀書志稱崇觀間以其多及先朝故事禁之今觀其書多宋代祖宗美政無所謂誹訕君父得罪名教之語特以所記之諸事皆與熙寧新

范镇《东斋记事》书影

何以谏之，何以止之？从公是也。

典章有紊，不可之大，或有异同，理何以堪！

① 内帑：内库。

② 羡息：盈余。

③ 见《宋史·范镇传》。

北宋《大驾卤簿图》（局部一）（中国国家博物馆藏）

葬温成后（按，即宋仁宗宠妃张氏，系追封），太常议礼，前谓之园，后谓之陵，宰相刘沆前为监护使，后为园陵使。①

《宋史·范镇传》于此接续云："镇（按，时为起居舍人、知谏院）曰：'尝闻法吏舞法矣，未闻礼官舞礼也。请诘前后议礼异同状。'"

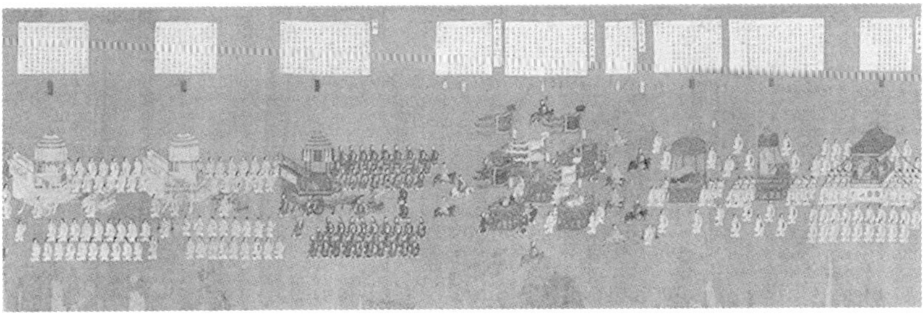

北宋《大驾卤簿图》（局部二）（中国国家博物馆藏）

① 见《宋史·范镇传》。

礼官所为，亦或有私。

魏舒有言：

> 今选六宫，聘以玉帛，而旧使御府丞奉聘，宣成嘉礼，贽重使轻。以为拜三夫人宜使卿，九嫔使五官中郎将，美人、良人使谒者，于典制为弘。①

时在晋武帝泰康之初，时舒为左仆射，领吏部。《晋书·魏舒传》于此接续云：

> 有诏详之，众议异同，遂寝。

何以寝之？亦或有私。

隋文帝仁寿三年（603）六月甲午，诏书有云：“《礼》云：父母之丧，无贵贱一也。而士大夫之丧父母，乃贵贱异服。然则礼坏乐崩，由来渐矣。”② 何也？《北史·隋本纪上》于此诏接续云：

> 盖由王道既衰，诸侯异政，将逾越于法度，恶礼制之害己，乃减去篇籍，自制其宜。

---

① 见《晋书·魏舒传》。

② 见《北史·隋本纪上》。

自制其宜，从其私也。

政见异同，遂致不协，遂相攻讦，情何以堪！《旧唐书·李元纮传》云：

（元纮）后与杜暹（按，时为黄门侍郎、同中书门下平章事）多所异同，情遂不叶①，至有相执奏者，上（按，即唐玄宗李隆基）不悦，由是罢知执政事（按，时元纮为中书侍郎、同中书门下平章事），出为曹州刺史，以疾去官。

杜暹者何？《旧唐书·杜暹传》有云：

暹后与李元纮不叶，罢执政事，出为荆州大都督府长史。

两罢之何？存大体也。

宋真宗天禧四年（1020）十一月丙寅，宰臣丁谓加门下侍郎兼太子太傅，宰臣李迪加中书侍郎兼尚书左丞。《宋史·真宗本纪》于此接续云：

迪、谓忿争于帝前。戊辰，罢谓为户部尚书，迪为户部侍郎。

---

① 不叶：即“不协”。

两罢之何？存大体也。

有异无同，从公是也。《宋史·乐志》云：

光（按，即司马光，时在宋哲宗之世）与镇（按，即范镇）平生大节不谋而同，惟钟律之论往返争议，凡三十余年，终不能以相一。

司马光像

有同无异，从公是也。《宋史·仁宗本纪二》云：

（景祐元年）夏四月丁酉，开封府判官庞籍言，尚美人

（按，宋仁宗宠妃）遣内侍称教旨①免工人市租。帝为（之）杖内侍，仍诏有司，自今宫中传命，毋得辄受。

清荡荡，明荡荡，坦荡荡，有公无私，同异一也。

① 教旨：上对下的告谕。市租：商业税。

固　辞

固辞非惟辞，感其弊是也。司徒王导辟濛为掾，后出补长山令，复为司徒左西属，时当在东晋明帝之世。《晋书·王濛传》于此有云：

濛以此职（按，即司徒左西属）有谴则应受杖，固辞。诏为停罚，犹不就。徙中书郎。

固辞非惟辞，伤其怀是也。《梁书·徐摛传》有云：

太宗（按，即南朝梁简文帝萧纲）嗣位，进授左卫将军，（摛）固辞不拜。

先是，侯景陷宫城，进逼太子萧纲，时侍卫奔散，莫有存者。

摛（按，时为太子左卫率）独嶷然侍立不动，徐谓景曰：

“侯公（按，即侯景，景以南梁武帝太清元年反，太清三年陷宫城）当以礼见，何得如此。”凶威遂折。侯景乃拜，由是常惮摛。①

后是，《梁书》接续有云：“太宗后被（景）幽闭，摛不获朝谒，因感气疾而卒，年七十八。”

梁简文帝萧纲庄陵石刻

固辞非惟辞，重其名是也。西魏文帝大统十五年（549），宇文泰令山东立义诸将等能率众入关者，并加重赏。司马裔领户千室先至，泰欲以封裔。时裔为西魏太中大夫，领河内郡守，加授都督。《周书·司马裔传》于此接续云：

---

① 见《梁书·徐摛传》。

裔固辞曰："立义之士，辞乡里，捐亲戚，远归皇化者，皆是诚心内发，岂裔能率之乎。今以封裔，便是卖义士以求荣，非所愿也。"太祖（按，即北周文帝宇文泰，时摄政）善而从之。

重名非惟名，秉其性是也。《周书》接续有云：

裔性清约，不事生业①，所得俸禄，并散之亲戚，身死之日，家无余财。宅宇卑陋，丧庭无所，有诏（按，时在北周武帝之世）为起祠堂焉。

固辞非惟辞，非其好是也。东晋简文帝辅政，征郗愔为光禄大夫，加散骑常侍。既到，再除太常，愔固辞不拜。朝廷从之，出为辅国将军、会稽内史。《晋书·郗鉴传》附《郗愔传》接续有云：

……乃迁愔都督徐、兖、青、幽、扬州之晋陵诸军事，领徐、兖二州刺史、假节。（愔）虽居藩镇，非其好也。

其辞非一时，辞一生是也。先是，《晋书》有云：

时（按，东晋穆帝之世）吴郡守阙，欲以愔（按，时为

---

① 生业：此指产业。

黄门侍郎）为太守。愔自以资望少，不宜超莅大郡，朝议嘉之。

后是，《晋书》有云：

俄属桓温（按，时为大司马，时在东晋废帝之世）北伐（按，伐前燕），愔请督所部出河上，用其子超计，以己非将帅才，不堪军旅，又固辞解职，劝温并领己所统。（愔）转冠军将军、会稽内史。

桓温雕像

简文帝践祚，就加愔镇军、都督浙江东五郡军事。久之，愔乞骸骨，因居会稽。《晋书》于此接续有云：“征拜（愔）司空，诏书优美，敦奖殷勤，（愔）固辞不起。”

固辞非惟辞，荐他人是也。至元二十八年（1291），元世祖欲用不忽木为丞相，不忽木固辞，世祖曰：“朕识卿幼时，使卿从学，政欲备今日之用，勿多让也。”《元史·不忽木传》于此接续云：

> 不忽木曰：“朝廷勋旧，齿爵①居臣右者尚多，今不次②用臣，无以服众。”

于是，不忽木荐太子詹事完泽。世祖曰：“然非卿无以任吾事。”③ 乃拜完泽右丞相，不忽木平章政事。

其荐非一人，荐多人是也。《元史》后续有云：

> （不忽木）明于知人，多所荐拔，丞相哈剌哈孙答剌罕（按，元成宗、元武宗之世曾为相）亦其所荐也。

---

① 齿爵：年龄和官职。

② 不次：不依寻常次序。犹言超擢，破格。

③ 见《元史·不忽木传》。

元武宗海山像

固辞或难名状，或难探源，亦或可解，亦或可敬。北齐之世，房豹拜西河太守，政贵清静，声绩甚著。迁博陵太守，亦有能名。又迁乐陵太守，风教修理，亦称美政。《北史·房法寿传》附《房豹传》于此接续云：

> 齐灭（按，北周灭北齐），（豹）遂还本乡，丘园自养，频被征命，固辞以疾。每牧守初临，必遣致礼，官佐邑宰皆投刺①申敬。

① 投刺：投递名帖。

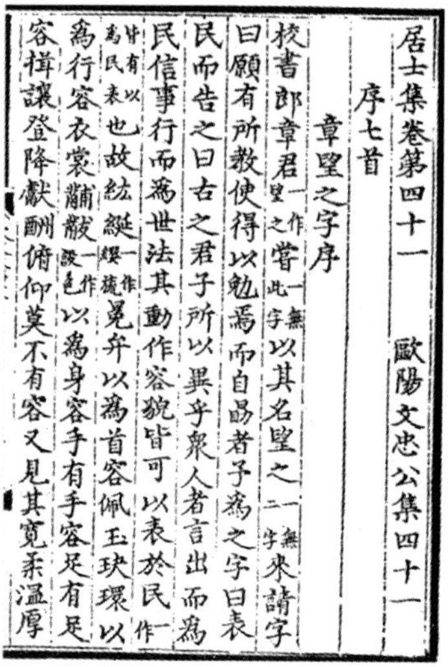
居士集卷第四十一　歐陽文忠公集四十一
序七首
章望之字序
校書郎章君一作望之嘗一無此字以其名望之一無二字來請字
曰願有所教使得以勉焉而自勗者予爲之字曰表
民而告之曰古之君子所以異乎衆人者言出而爲
民信事行而爲世法其動作容貌皆可以表於民一作
甘有以爲民表也故紘綖一作纓旒冕弁以爲首容佩玉玦環以
爲行容衣裳黼黻一作韍色以爲身容手有手容足有足
容揖讓登降獻酬俯仰莫不有容又見其寬柔溫厚

《居士集·章望之字序》书影

固辞或有因，或有兆，或难解，或可叹。望之兄知晋江县，忤其守，诬以赃，竟贬。望之号泣，诉不已，卒脱兄之冤，遂屡辞不仕。时在宋仁宗之世。《宋史·章望之传》于此接续云：

> （望之）又除知乌程县（按，时在宋仁宗之世），趣①令受命，固辞，遂以光禄寺丞致仕，卒。

望之少孤，初由伯父荫为秘书省校书郎，监杭州茶库，逾年辞疾去，求举贤良方正。伯父时在相位，以嫌扼之。望之乃上书论时政凡万余言，疏入不报。

固辞非止于位，亦或循礼而去。《明史·周蕙传》有云：

> 恭顺侯吴瑾镇陕西（按，时在明英宗之世），欲聘为子师，（蕙）固辞不赴。

人或问之，蕙曰：“吾军士也，召役则可。若以为师，师岂可

---

① 趣：同“促”，催促。

召哉？"① 瑾闻之，躬送二子于其家，蕙始应之焉。

明英宗朱祁镇像

《明史》接续有云：

（蕙）后还居泰州之小泉，幅巾深衣，动必由礼。州人多化之，称为小泉先生。

其循礼之坚亦可知矣。

固辞非止于位，亦或募化而来。隋文帝之世，契丹别部出伏

① 见《明史·周蕙传》。

等背高丽，率众内附。《北史·契丹传》于此有云：

> 文帝（按，即隋文帝杨坚）见来，怜之。上方与突厥和好，重失远人之心，悉令给粮还本部，敕突厥抚纳[1]之。（出伏）固辞不去。

《北史》有言："其（按，即契丹国）无礼顽嚚[2]，于诸夷最甚。"[3] 出伏募化之心，足可知矣。

或循性，或循名，或循忠，或循礼，固辞之事，不一而足。

---

① 抚纳：安抚招纳。

② 顽嚚：愚妄奸诈。

③ 见《北史·契丹传》。

识　量

识见渊深，恕人度己，是谓识量。志不求易，事不避难，可谓君子。

《金史·徒单思忠传》云：

> （思忠）十有二岁从上（按，即金世宗完颜雍，时未即位）在济南，一日，与姻戚公子出游近郊，有醉人腰弓矢策马突过，诸公子怒欲鞭之，思忠曰："醉人昏昧，又何足责。"遂释之。

《金史》于此接续云：

> 其人行数十步，忽执弓矢，思忠恐欲伤人，速驰至其傍①，夺其弓，弛而还之。上闻之，嘉有识量，由是常使侍侧。

---

① 傍：同"旁"。

先释之，后还之，识量可谓大矣。

晋国内乱，重耳流亡。至齐，齐以宗女妻之，重耳安之。留齐凡五岁，毋去心。咎犯等醉重耳，载以行。行远而觉，重耳怒，引戈欲杀咎犯。《史记·晋世家》于此接续云：

晋文公塑像

咎犯（按，即狐偃咎犯，重耳舅父）曰："杀臣成子，偃之愿也。"重耳（按，即晋文公）曰："事不成，我食舅氏之肉。"咎犯曰："事不成，犯肉腥臊，何足食！"（重耳）乃止，遂行。

先载之，后谑之，识量可谓大矣。

窦群为御史中丞，荐吕温知杂事，荐羊士谔御史。宰相李吉甫持之不报，温等有怨。时吉甫为宦侍所抑，温乘间谋逐之。《新唐书·吕渭传》附《吕温传》于此接续云：

吕温像

会吉甫病，夜召术士宿于第，（温）即捕士掠讯①，且奏吉甫阴事。宪宗（按，即唐宪宗李纯）骇异，既诘辨②，皆妄

① 掠讯：拷打审问。

② 诘辨：对质，辩论。

言，将悉诛群（按，即窦群）等，吉甫苦救乃免，于是贬温均州刺史，士谔资州（按，即资州刺史）。

安禄山像

先持之，后救之，识量可谓大矣。

安史之乱，安禄山陷东都，朝廷择将帅，李巨得授陈留谯郡太守、兼御史大夫、河南节度使，遂兼统南阳节度使鲁炅等。前此炅进讨不力，有诏贬为果毅。《旧唐书·李巨传》于此接续云：

巨奏曰："若炅能存孤城，其功足以补过，则何以处之？"玄宗（按，即唐玄宗李隆基）曰："卿随宜处置之。"

李巨趋南阳，贼将闻之，解围走。巨宣敕贬炅，削其章服，令随军效力。《旧唐书》于此接续云：

至日晚，以恩命①令炅复位。

① 恩命：帝王颁发的升官、赦罪之类的诏命。

先贬之，后复之，识量可谓大矣。

《宋史·王希吕传》有云：

> （希吕）佐漕江西（按，希吕时为江西转运副使，时在宋孝宗淳熙之初），尝作《拳石记》以示僚属，一幕官①举笔涂数字，举坐骇愕，希吕览之，喜其不阿，荐之。

人骇之，我荐之，识量可谓大矣。

土木堡之变，明英宗被俘，其弟郕王即位，是为代宗，郕王妃汪氏遂立为皇后。代宗欲废英宗太子，汪氏反对，代宗怒而废后。及至夺门之变，英宗复辟，汪氏又历宪宗、孝宗之世，苟活至武宗朝。《明史·王鏊传》于此有云：

> 景帝（按，即明代宗朱祁钰）汪后薨（按，时在明武宗正德之初），疑其礼。鏊（按，时为户部尚书、文渊阁大学士）曰："妃废不以罪，宜复故号，葬以妃，祭以后。"（武宗）乃命辍朝②，致祭如制。

人疑之，我明之，识量可谓大矣。

徐有功与皇甫文备同按狱，文备诬有功纵逆党。久之，文备

---

① 幕官：即幕僚。

② 辍朝：紧急变故之时，皇帝停止临朝听政。

徐有功像

坐事下狱，有功出之。时在武后之世。《新唐书·徐有功传》于此接续云：

> 或曰：“彼（按，即皇甫文备，酷吏）尝陷君（按，即徐有功，时为司刑少卿）于死，今生之，何也？”（有功）对曰：“尔所言者私忿，我所守者公法，不可以私害公。”

人陷我，我出之，识量可谓大矣。

于頔为苏州刺史，冯定往寓焉，頔友于之，时在唐德宗之世。《旧唐书·冯宿传》附《冯定传》于此接续云：

> 后頔帅襄阳（按，頔时为襄州刺史、山南东道节度观察使，时在唐德宗之世），定乘驴诣军门，吏不时①白，定不留而去。頔惭，笞军吏，驰载钱五十万，及境谢之。

《旧唐书》于此接续云：“（定）复书责以贵傲而返其遗，頔深

① 不时：不适时。

以为恨。”

先去之，后责之，冯定之识量，可谓小矣。先惭之，后恨之，于颇之识量，亦可谓小矣。

鲁昭公十二年（前530）三月，郑简公卒。《左传·昭公十二年》于此有云：

> 将为葬除①。及游氏（按，子大叔之族）之庙②，将毁焉。子大叔（按，即游吉，字子大叔，郑正卿）使其除徒执用③以立，而无庸④毁。

且教之以不忍，子产为执政，避而不毁。《左传》于此接续云：

> 司墓⑤之室，有当道者，毁之，则朝而塴⑥；弗毁，则日中而塴。

子大叔请毁之，且以诸侯之宾为言，子产亦不毁。

---

① 葬除：为出殡而清道。

② 庙：祖庙。

③ 除徒：清道之役夫。用：毁庙之具。

④ 无庸：不要。

⑤ 司墓：管公墓的大夫。

⑥ 塴：下棺入土。

保己之庙，而毁人之室，其识量可谓小矣。子产两全之，其识量达于礼，而近于仁矣。

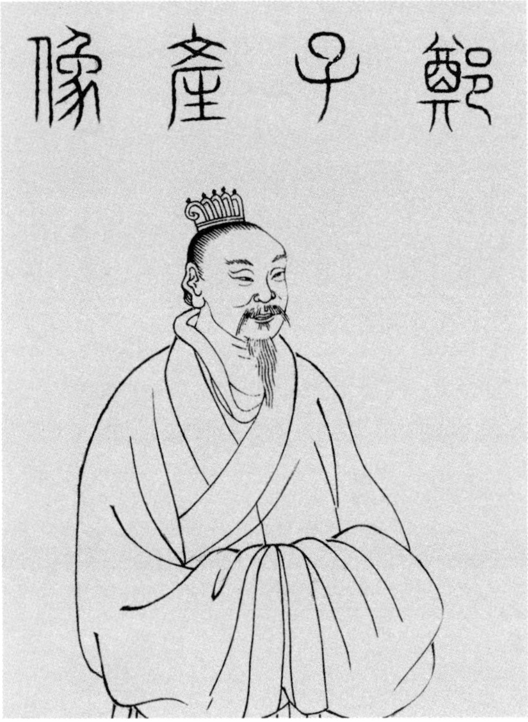

子产像

清风一阵，狂风一阵；细雨一阵，雷暴一阵。变故来临，考量者何？紧要之处，识量几何？

鄙 诞

呼延赞不能治军，亦不能治民，其于治家何！《宋史·呼延赞传》于此接续云：

> （赞）性复鄙诞不近理，盛冬以水沃孩幼，冀其长能寒而劲健。其子尝病，赞封股①为羹疗之。

京剧《龙虎斗》
呼延赞脸谱

其不近于理竟至若是。其位至州刺史、州团练使，其时在宋太宗、宋真宗之世。

---

① 封股：割大腿肉。

刘袆性凡劣，人嗤鄙之。《宋书·庐江王袆传》于此接续云：

南平王铄（按，即刘铄，刘宋太祖刘义隆第四子）蚤①薨，铄子敬渊婚，袆（按，即刘袆，刘宋太祖刘义隆第八子）往视之，白世祖（按，即刘骏，刘宋太祖刘义隆第三子）借伎②，世祖答曰："婚礼不举乐，且敬渊等孤苦，倍③非宜也。"

北魏女舞俑

其不明于情竟至若是。有谋反者，袆竟与之酬和，事败自杀。

元忠愚而无智。北魏孝武帝泛舟天渊池，命宗室诸王陪宴。忠遂著红罗襦，绣作领，碧绸袴，锦为缘。《魏书·乐浪王拓跋万寿传》附《元忠传》于此接续云：

帝（按，即孝武帝元修，孝文帝元宏之孙）谓曰："朝廷衣冠，应有常式，何为着百

① 蚤：同"早"。

② 伎：表演歌舞之人。

③ 倍：同"背"。

戏衣?”忠（按，孝文帝之族侄，袭封乐浪郡王）曰：“臣少来所爱，情存绮罗，歌衣舞服，是臣所愿。”帝曰：“人之无良，乃至此乎!”

其不明于礼竟至若是。孝武帝之世，元忠因性好衣服，坐罪削爵。

王琼有女适人，而不听归其夫家。及女卒，琼哀恸无已。《魏书·王慧龙传》附《王琼传》，于此接续云：

琼仍葬之别所，冢不即塞，常于圹①内哭泣。久之乃掩。当时深怪，疑其秽行②。

其不明于俗竟至若是。时在北魏宣武帝之世，时王琼闲居在家。

晋武帝太康之世，士庶车服异制，庶人不得衣紫绛及绮绣锦绘。《晋书·王宏传》于此有云：

帝常遣左右微行，观察风俗，宏缘此复遣吏科检③妇人袒服④，至褰发于路。

---

① 圹：墓穴。

② 秽行：丑恶的行为。

③ 科检：查检。

④ 衵（nì）服：贴身之内衣。

晋武帝司马炎像

其不明于治竟至若是。宏时为司隶校尉，由是获讥于世。

俚言以教太子，其于国家何！唐穆宗为太子，韦绶入侍读，迁谏议大夫。《新唐书·韦绶传》于此有云：

> 方太子幼，绶数为俚言以悦太子，它日侍，太子为帝（按，即唐宪宗李纯）道之，帝怒曰："绶当以经义辅导太子，而反语此，朕何赖焉？"外迁（绶）虔州刺史。

唐穆宗即位，绶召为尚书右丞、集贤院学士，怙宠甚。其后为山南西道节度使，居官贪冒，军政弛坏，卒谥"通丑"，不亦宜乎！

唐穆宗光陵

美嫔以为己请，其于脸面何！权宦童贯伐燕，以蔡攸为副宣抚，攸谓功业可唾手致。《宋史·蔡京传》附《蔡攸传》于此有云：

入辞之日，二美嫔侍上（按，即宋徽宗赵佶）侧，攸（按，权奸蔡京长子）指而请曰：“臣成功归，乞以是赏。”帝笑而弗责。

免人冀得其女，其于真相何！北境乱离，孙腾亡一女，及贵，远加推访，终不得，疑其为人婢。《北齐书·孙腾传》于此接续云：

（腾）及为司徒（按，时在东魏孝静帝之世），奴婢诉良者，不研虚实，率皆①免之，愿免千人，冀得其女。

时高欢当朝，闻之大怒，解其司徒。

何以如是？人或有鄙诞之性，事或有鄙诞之况，因性败事者正以有之，由其性而败其事是也。

① 率皆：大都；全都。

而 已

守节而已，安有他哉！金将娄宿犯同州及韩城，郑骧遣兵击之，师失利，金人乘胜径至城下，通判以下皆遁去。《宋史·郑骧传》于此接续云：

骧曰："所谓太守者，守死而已。"

宋高宗赵构像

翌日城陷，骧赴井死。时在南宋高宗之初，时骧以直秘阁知同州兼沿河安抚使。

有行而已，安有他哉！刘裕诛刘毅，自领荆州，问毅府谘议参军申永曰："今日何施而可？”①《宋书·宗炳传》于此接续云：

永曰：“除其宿衅②，倍其惠泽，贯叙③门次，显擢才能，如此而已。”

沧浪亭五百名贤祠陆贽像

时在东晋之末，刘裕时为太尉、中书监。

承意而已，安有他哉！陆贽省母，路由寿州，刺史张镒有时名，贽往谒之。镒初不甚知，留三日，再见与语，遂大称赏，请结忘年之交。《旧唐书·陆贽传》于此接续云：

及辞，（镒）遗④贽钱百万，曰：“愿备太夫人（按，陆贽母）一日之膳。”贽不纳，唯受新茶一串而已，曰：“敢不承君厚意。”

① 见《宋书·宗炳传》。
② 宿衅：往昔之嫌隙。
③ 贯叙：犹贯序，按次序铨叙录用。门次：门阀之等第。
④ 遗（wèi）：赠予；致送。

时在唐代宗之世，贽时已罢华州郑县尉。

秉性而已，安有他哉！膺之性方古，不同流俗。《北史·司马子如传》附《司马膺之传》云：

初，司徒赵彦深起自孤微，为子如（按，即司马子如，膺之叔父，东魏孝静帝时位至尚书令，北齐文宣帝时位至司空）管记，膺之甚相忽略，不为之礼。及彦深为宰相，朝士辐凑，膺之自念①，故被延请，永不至门，每与（彦深）相见，捧袂②而已。

时在北齐后主之世，膺之时拜仪同三司。

调和而已，安有他哉！《明史·杨廷和传》云：

杨廷和像

时瑾（按，即刘瑾，时为司礼监掌印太监）横益甚，而焦芳（按，时为少师兼太子太师、华盖殿大学士，依附刘瑾）、张綵（按，时为吏部尚书、太子少保，

① 自念：念及前事。

② 捧袂：犹拱手。

依附刘瑾）为中外媾。廷和与东阳（按，即李东阳，时为少师兼太子太师、吏部尚书、华盖殿大学士）委曲其间，小有剂救①而已。

时在明武宗之世，廷和时为礼部尚书、武英殿大学士。

有憾而已，安有他哉！《宋书·州郡志二》有云：

司州刺史，汉之司隶校尉也。晋江左以来，沦没戎寇，虽永和（按，东晋穆帝年号）、太元（按，东晋孝武帝年号）王化暂及，太和（按，东晋废帝年号）、隆安（按，东晋安帝年号）还复湮陷②。牧司之任，示举大纲而已。

悦己而已，安有他哉！唐宪宗初即位，潘孟阳奉旨巡江淮省财赋，时为度支副使，仍加盐铁转运副使，且察东南政理。《旧唐书·潘孟阳传》于此接续云：

时孟阳以气豪权重，领行从三四百人，所历镇府，但务游赏，与妇女为夜饮。至盐铁转运院，广纳财贿，补吏职而已。

---

① 剂救：调和弥补。

② 湮陷：湮没陷落。

后有宣慰江淮者，宪宗诫之曰：

勿学潘孟阳，奉使所至，但务酣饮、游山寺而已。①

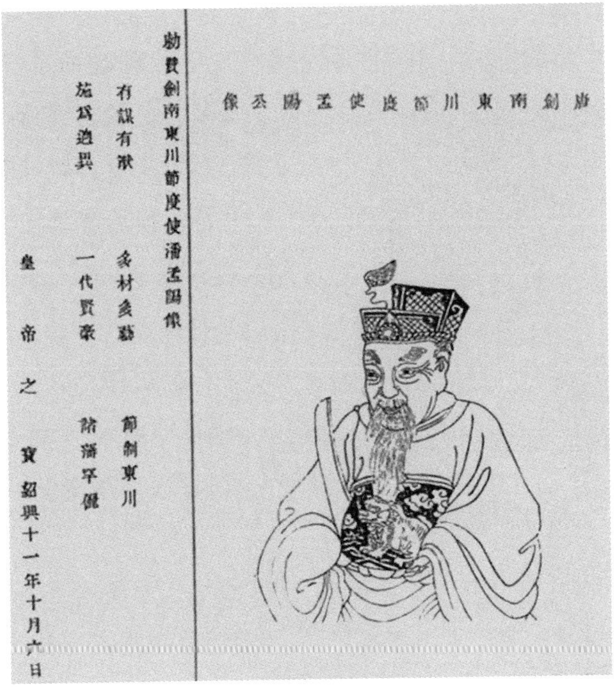

潘孟阳像

徇私而已，安有他哉！羊琇放恣犯法，每为有司所贷。琇时为中护军，加散骑常侍，时在西晋武帝之世。《晋书·羊琇传》于此接续云：

① 见《旧唐书·潘孟阳传》。

其后司隶校尉刘毅劾之，应至重刑，武帝以旧恩（按，佐武帝即位），直免官而已。寻以侯（按，琇封甘露侯）白衣①领护军。顷之，复职。

后晋高祖石敬瑭像

尴尬而已，安有他哉！王昶遣使朝贡京师，后晋高祖石敬瑭遣散骑常侍卢损册昶闽王，昶称疾不见，令其子主之。又遣中书舍人刘乙劳损于馆，乙衣冠伟然，驺童甚盛。《新五代史·闽世家·王昶传》于此接续云：

他日损遇乙于涂，布衣芒屩②而已，损使人诮之曰："凤阁舍人③，何逼下之甚也！"乙羞愧，以手掩面而走。

时在后晋天福二年，时昶已改元通文。

灭而有之，何以无惊！陈灵公淫于夏姬，夏徵舒不堪其辱，

---

① 白衣：借指平民。

② 芒屩：用芒草编制的鞋，泛指草鞋。

③ 凤阁舍人：即中书舍人，唐武则天时称谓，此处含讽刺意。

杀灵公而自立。《史记·陈杞世家》于此接续云：

> 成公（按，即陈成公，灵公之太子）元年冬，楚庄王为夏徵舒（按，夏姬之子）杀灵公，率诸侯伐陈。谓陈曰："无惊，吾诛徵舒而已。"

《史记》于此接续云：楚诛徵舒，县陈而有之①。

兵将怯弱，何以为战！明世宗嘉靖十八年（1539），移三边制府镇花马池。是时，俺答诸部强横，屡深入大同、太原之境，晋阳南北烟火萧然。巡抚都御史上疏条陈严备之策。《明史·兵志》于此接续有云：

明神威大将军炮

---

① 县陈而有之：把陈作为楚的一个县而占有。

帝悉许之。规画①虽密，然兵将率怯弱，其健者仅能自守而已。

勉之焉，叹之焉，惜之焉，责之焉，刺之焉，有他乎！

---

① 规画：筹划，谋划。

厚 黑

人之多幸，国之不幸。厚黑流布，公义遁形。比周竞奔，何可遏也！

公然炫耀厚黑，公然传授其技。唐武宗会昌三年（843），仇士良擢观军容使，兼统左右军，旋罢为内侍监，知省事。士良固请老，诏可。《新唐书·仇士良传》于此有云：

士良（按，宦官）之老，中人举送还第，（士良）谢曰："诸君善事天子，能听老夫语乎？"众唯唯。

所语者何？《新唐书》于此接续云：

士良曰："天子不可令闲暇，暇必观书，见儒臣，则又纳谏，智深虑远，减玩好，省游幸，吾属恩且薄而权轻矣。为诸君计，莫若殖财货，盛鹰马，日以球猎声色蛊其心，极侈靡，使悦不知息，则必斥经术，暗①外事，万机在我，恩泽权力欲焉往哉?”众再拜。

唐章怀太子李贤墓《马球图》壁画（陕西历史博物馆藏）

唯唯至于再拜，流布之声可闻矣。

厚则厚矣，黑则黑矣。

李石（按，时为中书侍郎、同平章事，时在唐文宗之世）辅政，棱棱有风岸，士良（按，时为左神策军中尉兼左街功德使，后加特进、右骁卫大将军）与论议数屈，深忌之，使

① 暗：蒙蔽；遮蔽。

贼刺石于亲仁里，马逸而免。石惧，辞位，士良益无惮。①

《新唐书》言“士良杀二王、一妃、四宰相，贪酷二十余年”。士良死之明年，诏削其官爵，籍其家。

其厚黑之论，横行官场二十年，竟屡试不爽，其间轮回何可言耶！

先是，宪宗、敬宗身死宦者；后是，昭宗、哀帝身死权臣。唐之分崩，厚黑之贡献几何哉！

公然展示赂遗，公然高调索贿。梁成大心地险恶，凡可贼忠害良者，率多攘臂为之。《宋史·梁成大传》于此接续云：

四方赂遗②，（成大）列置堂庑，宾至则导之使观，欲其效尤也。

攘臂为之，宾至导之，流布之声可闻矣。

《宋史·仁宗本纪》有云：“（天圣七年八月）己亥，诏命官犯正入赃，毋使亲民。”或可为此作一注脚。

宋理宗绍定六年（1233）十月，夜降旨黜之，成大时为宗正少卿、权刑部侍郎。或理宗尚明，或其为恶过甚，成大终贬潮州，其间轮回何可言状！

---

① 见《新唐书·仇士良传》。

② 赂遗：以财物赠送或买通他人；赠送或买通他人的财物。

宋理宗赵昀像

公然尝人秽物，公然赞其味道。《新唐书·郭弘霸传》有云：

> ……大夫魏元忠病，僚属省候，弘霸独后入，忧见颜间，请视便液，即染指尝，验疾轻重，贺曰：“甘者病不瘳①，今味苦，当愈。”喜甚。元忠恶其媚，暴语于朝。

时在则天皇帝之世，时弘霸为右台侍御史。《新唐书》接续有云：“（弘霸）尝按芳州刺史李思徵，不胜楚毒②死。”后屡见思徵为厉，遂自刳腹死。

---

① 瘳（chōu）：病愈。

② 楚毒：指酷刑。

武则天像

流布之声起，厚黑之名留，其间轮回何可言状！

公然蛊惑人主，公然以危为安。宋徽宗即位，思节冗费，思裁冗员，亦有所行。《宋史·食货志·会计》接续云：

> 及蔡京为相，增修财利之政，务以侈靡惑人主，动以《周官》惟王不会①为说，每及前朝惜财省费者，必以为陋。

徽宗恶其变乱法度，于是蔡京罢相，于是命户部侍郎许几裁损浮费及百官滥禄。《宋史》于此接续云：

---

① 惟王不会：王室膳食，敞开使用，不用盘算。

蔡京复得政，言者遂以裁损禄廪为几（按，即许几）罪，几坐夺职。

《宋史》接续有云：

京又专用丰亨豫大①之说，谀悦帝意……

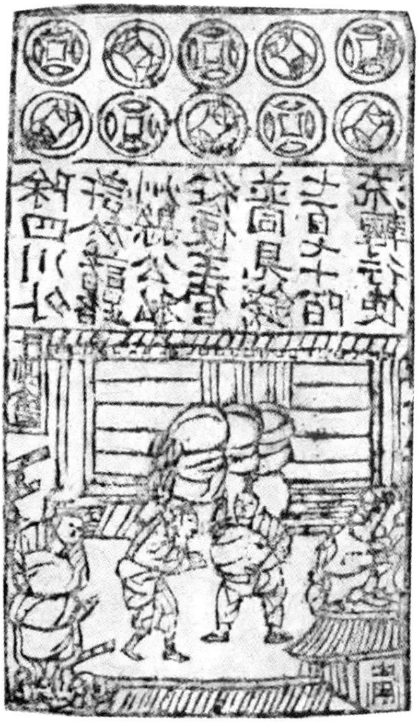

北宋交子旧版拓存（辽宁省博物馆藏）

① 丰亨豫大：君德隆盛，国家富强。语出《周易》。

《宋史》接续有云：

侍御史黄葆光论其弊，帝善之而未行；俄而诏云“当丰亨豫大之时，为衰乱减损之计”，自是罕敢言者。

虽时有所悟，终与奸沉浮。北宋之沦亡，厚黑之贡献几何哉！

宋徽宗赵佶《芙蓉锦鸡图》
（故宫博物院藏）

宋徽宗赵佶《听琴图》
（故宫博物院藏）

厚黑之术或有迹，厚黑之行或有党。《明史·吴俨传》云：

刘瑾（按，时为司礼监掌印太监，时在明武宗之世）窃

> 柄，闻俨（按，时为侍讲学士，充经筵日讲官）家多资，遣人啖以美官。俨峻拒①之，瑾怒。会大计②群吏，中旨罢俨官。

及至武宗明其谋逆，虽凌迟之，而武宗朝之乌烟瘴气，已不可收拾矣。

厚黑之术或无迹，厚黑之行必有党。《明史》言温体仁之植党，可谓明矣：

> 体仁（按，时为内阁首辅）荷帝（按，即明思宗朱由检）殊宠，益忮横③，而中阻深。所欲推荐，阴令人发端，己承其后。欲排陷，故为宽

“明思宗殉国处”碑

① 峻拒：严厉拒绝。

② 大计：考核官吏的制度，每三年举行一次。

③ 忮横：忌刻专横。

假，中上所忌，激使自怒，帝往往为之移，初未尝有迹。[1]

及至思宗悟其有党，体仁居相位已八年，明之分崩亦将至矣！

嗟乎，天下事有可道者，有不可道者。厚黑之事，乃不可道者也，不可道而道之，何邪？阴暗生厚黑，厚黑滋阴暗，同恶相济，鼓噪以进，欲与乾坤何！

---

① 见《明史·温体仁传》。

漏　泄

何以漏泄，其来有自。

宋太宗赵光义像

与之善而泄，两罢之何明？樊知古素与陈恕善，宋太宗言及计司事有乖违者，恕具以告之。时知古为转运使，恕为参知政事。《宋史·樊知古传》于此接续云：

后因奏事，知古遂自解①。上（按，即宋太宗赵光义）问“从何得知？”曰：“陈恕告臣。”上怒恕泄禁中语，且嫉知古轻

① 自解：自我辩解；自作解说。

侻①，故两罢之。

与之谋而泄，两殒命何憾？王同皎以武三思专权任势，召集壮士，期以则天皇帝灵驾发引，劫杀三思。时在唐中宗神龙二年（706），时同皎为光禄卿、银青光禄大夫。《旧唐书·王同皎传》于此接续云：

同谋人抚州司仓冉祖雍，具以其计密告三思（按，时为司空、开府仪同三司），三思乃遣校书郎李悛上言："同皎潜谋杀三思后，将拥兵诣阙②，废黜皇后（按，即唐中宗皇后韦氏）。"帝然之，遂斩同皎于都亭驿前，籍没其家。

唐睿宗即位，命执冉祖雍、李悛，并诛之。

谋之不谨，危害广矣。《旧唐书·宣宗本纪》有云：

（大中九年）三月，试宏词举人，漏泄题目，为御史台所劾，侍郎裴谂改国子祭酒，郎中周敬复罚两月俸料③，考试官刑部郎中唐枝出为处州刺史，监察御史冯颛罚一月俸料。其登科十人并落下。

---

① 轻侻（tuō）：轻佻狂放。

② 诣阙：谓赴朝堂。

③ 俸料：俸禄之外，所给食料、厨料等。

唐宣宗李忱像

谋之不谨，危害烈矣。明武宗正德之初，焦芳为吏部左侍郎。《明史·焦芳传》于此有云：

> 韩文（按，时为户部尚书）将率九卿劾刘瑾（按，权宦，时掌司礼监），疏当首吏部，以告芳。芳阴泄其谋于瑾。

于是，文等被逐，芳以本官兼文渊阁大学士，入阁辅政，累加少师、华盖殿大学士。《明史》于此有言：

> （芳）居内阁数年，瑾浊乱海内，变置①成法，荼毒缙绅，

---

① 变置：改立，另行设立。

皆芳导之。

焦芳故居内室焦芳画像

何以不泄，其来有自。

欲善其事，当先防范。泰定帝崩，天顺帝即位，燕铁木儿时为佥书枢密院事，欲迎元文宗。《元史·燕铁木儿传》于此接续云：

> (燕铁木儿) 遂捕奸党下狱，而与西安王阿剌忒纳失里入守内庭，分处腹心于枢密，自东华门夹道重列军士，使人传命往来其中，以防漏泄。

元文宗之立，燕铁木儿与有力焉。

元文宗图帖睦尔像

防范之难，甚于防川。杨涟抗疏劾魏忠贤，列其二十四罪，疏就欲早朝面奏。涟时为左副都御史，时在明熹宗之世。《明史·杨涟传》于此接续云：

值次日免朝，恐再宿机泄，（涟）遂于会极门上之，忠贤（按，权宦，时为司礼秉笔太监）乃得为计。涟愈愤，拟对仗复劾之。忠贤诇知①，遏帝（按，即明熹宗朱由校）不御朝者

① 诇（xiòng）知：侦察得知。

三日。

自是，忠贤日谋杀涟，终诬以赃，下涟狱，毙之。

杨涟像

防范非难，隐身是也。季平子为鲁正卿，专政，昭公欲执之，告子家懿伯，懿伯以为不可。《左传·昭公二十五年》于此接续云：

公（按，即鲁昭公）退之①（按，即子家懿伯，鲁国大

① 公退之：昭公退，使之去。

夫，鲁庄公之玄孙）。（懿伯）辞曰："臣与闻命矣，言若泄，臣不获死①。"乃馆于公②。

防范非难，杜口是也。张质位至都承旨，时在宋太宗之世。《宋史·张质传》于此有云：

（质）好养生之术，老而不衰，以是多接隐人方士，然语不及公家事。

汉章帝刘炟像

难易之间，惟人而已。陈宠为尚书，时在东汉章帝之世。《后汉纪·孝章皇帝纪》于此有云：

（宠）尝称人臣之义，苦不能慎。自在枢机③，谢遣门人不复教授，绝知交，惟在公家。

---

① 臣不获死：臣不得好死。

② 乃馆于公：于是住在公馆里。杜预《春秋经传集解》于此释为："恐受泄命之罪，故留公宫以自明。"

③ 枢机：中央政权之机要部门或职位。

怏　怏

人怏怏，意不平，志殊异，何可遏？

杜伏威兄事辅公祏，军中尊礼略等。伏威忌之，乃署养子为左将军，另署人为右将军，推公祏为仆射，阴解其柄。时在唐高祖武德之初，伏威时为东南道行台尚书令，总管江淮以南诸军事。《新唐书·辅公祏传》于此接续云：

唐彩塑武将俑

公祏（按，时为淮南道行台尚书左仆射）内怏怏不平，乃与故人左游仙伪学辟谷①以自晦。

后公祏反，僭位称帝，唐讨斩之。以不平始，以殒命终，公祏之野心，何止一将军，真可叹也夫！

高昌王不恭，唐太宗诏以侯君集为交河道行军大总管讨之，遂平其国。《旧唐书·侯君集传》于此有云：初破高昌，君集曾未奏请，辄配没②无罪人，又私取宝物，军风大坏，有诏下狱。人或救之，得释。

侯君集像

《旧唐书》于此接续云：

君集自以有功于西域，而以贪冒被囚，志殊怏怏。

后是，君集反迹露，太宗不问。后是，君集与太子通谋，欲

① 辟谷：道家断食以养生之法。

② 配没：把罪人的家属发配为奴隶。

为逆，谋泄斩于市。以不平始，以殒命终，君集之怨望，何止于下狱，真可叹也夫！

唐太宗李世民像

泰宁王耶律察割谋乱，弑杀辽世宗。乱平，耶律敌猎与有力焉。辽穆宗即位，虽嘉赏之，然未显用。《辽史·耶律敌猎传》于此有云：

> 敌猎（按，时为群牧都林牙）失望，居常怏怏，结群不逞①，阴怀不轨。应历（按，辽穆宗耶律璟年号）二年，与其党谋立娄国（按，即耶律娄国，辽太祖耶律阿保机之孙，文

① 不逞：不能实现意愿；不得志。

献皇帝耶律倍之子），事觉，陵迟死。

以不平始，以殒命终，敌猎之内心，何止一失望，真可叹也夫！

居人上者，或居人下，居人下者，或居人上，何耶？

王昙首为侍中、太子詹事，其兄王弘录尚书事、扬州刺史，时在刘宋文帝之世。《宋书·王昙首传》于此有云：

刘宋文帝刘义隆像

彭城王义康（按，即刘义康，刘宋文帝刘义隆异母弟，时为侍中、录尚书事）与弘并录，意常怏怏，又欲得扬州，形于辞旨①。以昙首居中，分其权任，（义康）愈不悦。

于是，昙首求吴郡以避之，文帝不许。昙首劝弘减府兵力之半以配之，义康乃悦。

① 辞旨：话语所表达出的含义、感情色彩和风格。

义康终以揽权被杀，而昙首得以善终。以此观之，欲居人上者何？甘居人下者何？

宋真宗咸平三年（1000），杨嗣以功拜保州刺史。后召还，授保州团练使。《宋史·杨信传》附《杨嗣传》，于此接续云：

> 时杨延昭方为刺史，嗣言："尝与延昭同官，骤居其上，不可，愿守旧官。"上（按，即宋真宗赵恒）嘉其让，乃迁延昭官。

杨延昭塑像

《宋史》接续有云：二人久居北边，俱以善战闻，时谓之"二杨"。本可居人上，反甘居人下，夫人之所念，止善战也哉？

便　之

苟便于政，行之可矣。《旧唐书·马摠传》云：

摠（按，时为岭南都护、本管经略使，兼御史中丞，时在唐宪宗之世）敦①儒学，长于政术，在南海累年，清廉不挠，夷獠便之。

非便于政，行之可乎？《陈书·殷不害传》云：

（不害）年十七，仕梁廷尉平。不害长于政事，兼饰以儒术，名法②有轻重不便者，辄上书言之，多见纳用。

非便于政，罢之可也。《金史·孟奎传》云：

① 敦：督促。

② 名法：名家、法家之合称。

大安（按，金卫绍王年号）初，（奎）除博州防御使，凡属县事应赴州者，不得泊①于逆旅②，以防吏奸，人便之。

苟便于民，行之可矣。元仁宗即位，康里脱脱拜江浙行省左丞相。

下车，（脱脱）进父老问民利病，咸谓杭城故有便河通于江浒，堙废③已久，若疏凿以通舟楫，物价必平。④

《元史·康里脱脱传》于此接续云：

僚佐或难之，脱脱曰："吾陛辞之日，密旨许以便宜行事。民以为便，行之可也。"

非便于民，行之可乎？《宋史·真宗本纪》云：

（大中祥符四年九月）丁巳，定江、淮盐酒价，有司虑失岁课⑤，帝曰："苟便于民，何顾岁入也。"

---

① 泊：停留；暂住。

② 逆旅：客舍；旅馆。

③ 堙废：荒废；淤塞。

④ 见《元史·康里脱脱传》。

⑤ 岁课：一年的赋税。

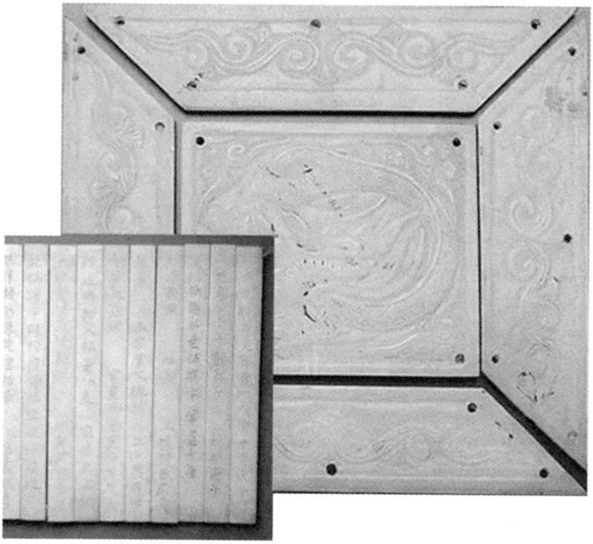

宋真宗禅地玉册及玉嵌片

非便于民，罢之可也。《旧唐书·文宗本纪下》云：

（太和七年春正月甲午）襄州裴度（按，时为襄州刺史、山南东道节度使、临汉监牧）奏请停临汉监牧①，从之。此监元和（按，唐宪宗李纯年号）十四年置，马三千二百匹，废百姓田四百余顷，停之为便。

苟便于军，行之可矣。侯景之乱，萧大临先为使持节、宣惠将军，屯新宁，后征还屯端门，都督城南诸军事。《梁书·太宗十

① 监牧：此指养马之机构、官员。

一王传·南海王大临传》于此接续云：

时（按，时在南梁武帝之世）议者皆劝收外财物，拟供赏赐，大临（按，即南海王萧大临）独曰："物乃赏士，而牛可犒军。"命取牛，得千余头，城内赖以飨士。

梁武帝萧衍像

非便于军，行之可乎？隋炀帝大业元年，下诏宪章古则，创造衣冠，自天子逮于胥吏，章服皆有等差。《旧唐书·舆服志》于此接续云：

始令五品以上，通服朱紫。是后师旅务殷①，车驾多行幸，百官行从，虽服袴褶②，而军间不便。

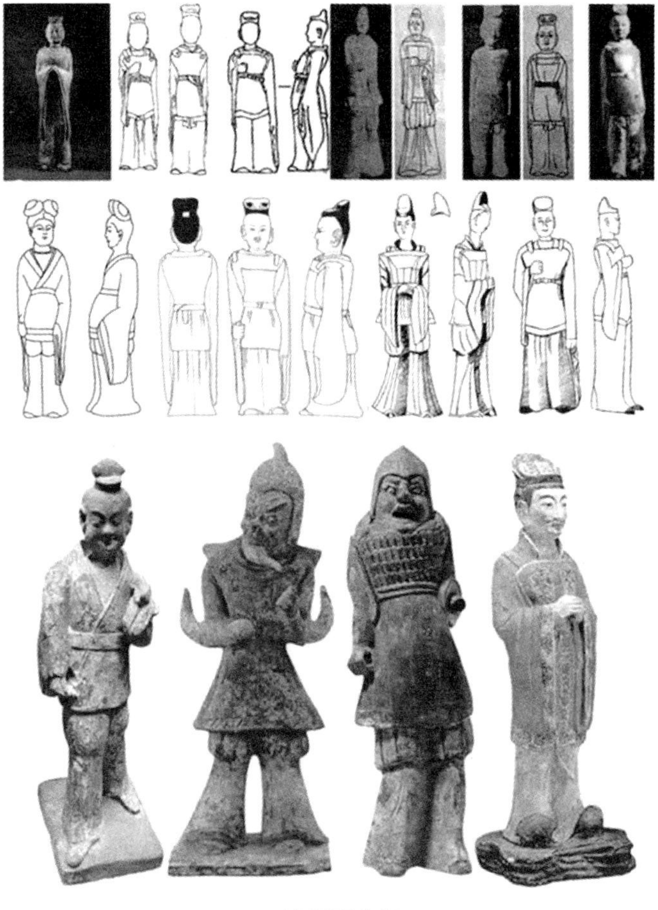

袴褶服陶俑

① 务殷：事务繁多。

② 袴褶：军中之服，上服褶而下服袴，其外不复用裘裳。

非便于军，罢之可也。明英宗之世，边卒仍以岁为期，然有久而后遣者。《明史·兵志》于此接续云：

弘治（按，明孝宗朱祐樘年号）中，三边总制秦纮言："备御延绥（按，军镇名）官军，自十二月赴边，既周一岁，至次年二月始得代。在军日多，请岁一更。上下俱在三月初。"边军便之。

明武官石像

军民两便，用之何难？金宣宗元光元年（1222），林州行元帅府惟良得罪召还，时文振为辽州刺史，爵晋阳公。《金史·郭文振传》于此有云：

……文振奏："近闻惟良召还，臣窃以为不可。惟良在林州五岁，政尚宽厚，大得民心，今兹被召，军民遮路泣留。其去未几，羲①尖之众作乱，逐招抚使康瑭。乞遣惟良还林州为便。"不许。

军民皆扰，便之难乎？宋征西夏，众数十万道境上，久不解，边人厌苦。《宋史·孔文仲传》于此有云：

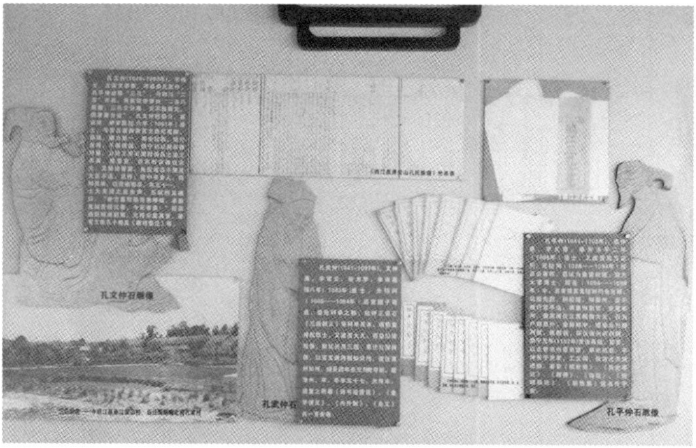

"三孔"（孔文仲、孔武仲、孔平仲）雕像

---

① 羲（yǐ）：山名。

文仲（按，时通判保德军，时在宋神宗之世）陈三不便曰："大兵未出，而丁夫预集；河东顾①夫，劳民而损费；诸路出兵，首尾不相应。虞、夏、商、周之盛，未尝无外侮②，然怀柔制御之要，不在彼而在此也。"

宽以便之，严以便之，苟利家国，岂有不善？

① 顾：通"雇"。

② 外侮：外国的侵略或欺侮。

严　重

严重者或不苟言笑。高僧神秀卒后，天下好释氏者皆师事普寂。唐玄宗开元十三年（725），敕普寂于都城长安居止。《旧唐书·神秀传》附《普寂传》于此接续云：

《都督夫人礼佛图》（敦煌壁画）

时王公士庶，竟来礼谒，普寂严重少言，来者难见其和悦之容，远近尤以此重之。

严重者或大义灭亲。“（耶律乌不吕）严重，有膂力，善属文。”① 乌不吕位至统军使，加金紫崇禄大夫、检校太尉。其弟耶律国留以罪亡，乌不吕及其母俱下吏。《辽史》于此接续云：

（乌不吕）恐祸及母，阴使人召国留，绐曰：“太后（按，辽景宗耶律贤皇后，辽圣宗耶律隆绪之母）知事之诬，汝第来勿畏。”国留至，送有司，坐诛。

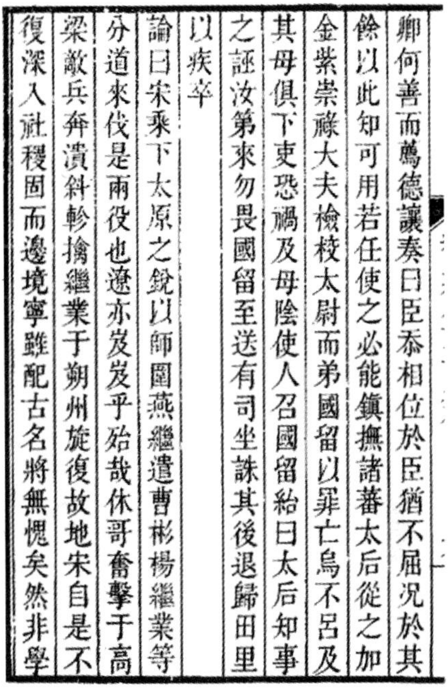
卿何善而薦德讓奏曰臣忝相位於臣猶不屈況於其
餘以此知可用若任使之必能鎮撫諸蕃太后從之加
金紫崇祿大夫檢校太尉而弟國留以罪亡烏不呂及
其母俱下吏恐禍及母陰使人召國留紿曰太后知事
之誣汝第來勿畏國留至送有司坐誅其後退歸田里
以疾卒
論曰宋乘下太原之銳以師圍燕繼遣曹彬楊繼業等
分道來伐是兩役也遼亦岌岌乎殆哉休哥奮擊于高
梁敵兵奔潰斜軫擒繼業于朔州旋復故地宋自是不
復深入社稷固而邊境寧雖配古名將無愧矣然非學

《辽史·耶律乌不吕传》书影

其后乌不吕退归田里，以疾卒。

通达者人或重之。郭解任侠，为人恭敬，不乘车入其县廷。

① 见《辽史·耶律学古传》附《耶律乌不吕传》。

时在西汉武帝之世。《史记·郭解传》于此有云：

（解）之旁郡国，为人请求事，事可出，出之；不可者，各厌①其意，然后乃敢尝酒食。诸公以故严重之，争为用。

《宴饮图》（汉画像石）

有行者人或重之。“（刘振之）性刚方，敦学行，乡人严重之。”振之为鄢陵知县，时在明思宗朱由检之世。《明史·刘振之传》于此有云：

① 厌：满足；满意。

初，振之书一小简，藏箧中，每岁元旦取视，辄加纸封其上。及死，家人发箧，乃“不贪财、不好色、不畏死”三语也，其立志如此。

别开生面处，清机忽满胸。严重非严重，严重生严重！

左 道

阴阳陶烝，变化万端，魑魅魍魉，凭假作慝。①

左道非正，人或爱之。《魏书·李顺传》附《李肃传》云：

（肃）初謟附②侍中元晖，后以左道事侍中穆绍。常裸身被发，画腹衔刀，于隐屏之处为绍求福，故绍爱之。

于是，绍荐为黄门郎，加光禄大夫，时在北魏宣武帝延昌四年（515）。肃侍饮颇醉，言辞不逊，出为章武内史，时在北魏孝明帝熙平初年。

左道非正，人或倚之。《新唐书·吕諲传》云：

---

① 转引自《晋书·郭璞传》。原文为："臣愚以为阴阳陶烝，变化万端，亦是狐狸魍魉凭假作慝。"陶烝：即"陶蒸"，犹陶冶、陶铸。作慝：作恶。

② 謟（tāo）附：本义指超越本分地去依附他人。这里指李肃谄媚奉承元晖。

妖人申泰芝用左道事李辅国（按，宦官，时为知内侍省事，时在唐肃宗之世），擢谏议大夫，置军邵、道二州间，以泰芝总之，纳群蛮金，赏以绯紫，出褚①中诏书赐衣示之，群蛮怵②于赏，而财不足，更为剽掠，吏不敢制。

潭州刺史得其左道谶记，黄门侍郎吕諲暴其罪恶，其终以徙死。

左道非止，人或敬之。《史记·孝武本纪》有云：

孝武皇帝（按，即汉武帝刘彻）初即位，尤敬鬼神之祀。

齐人少翁，以鬼神方术见孝武，颇应验，乃拜为文成将军，以客礼礼之。后作甘泉宫，中为台室，画天、地、泰一诸神，置祭具以致天神。《史记》于此接续云：

居岁余，其方益衰，神不至。（少翁）乃为帛书以饭牛，详③弗知也，言此牛腹中有奇。杀而视之，得书，书言甚怪，天子疑之。有识其手书，问之人，果伪书。于是诛文成将军（按，即少翁）而隐之。

---

① 褚（zhǔ）：囊。

② 怵：惊惧貌。

③ 详：同“佯”，假装。

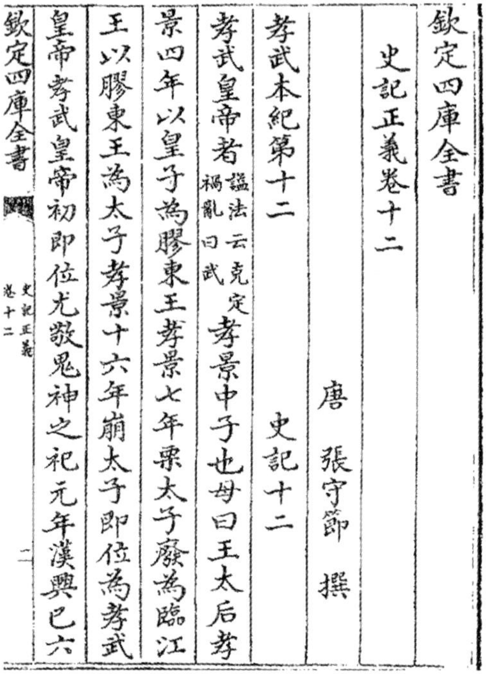
欽定四庫全書

史記正義卷十二

唐　張守節　撰

孝武本紀第十二　　史記十二

孝武皇帝者謚法云克定禍亂曰武孝景中子也母曰王太后孝景四年以皇子為膠東王孝景七年栗太子廢為臨江王以膠東王為太子孝景十六年崩太子即位為孝武皇帝孝武皇帝初即位尤敬鬼神之祀元年漢興已六

欽定四庫全書　史記正義　卷十二　二

《史记正义·孝武本纪》书影

左道惑人，佐人是虚。乌古论先生者，道士也。金之将亡，蔡州被围，而生在蔡，金哀宗亦至。《金史·乌古论镐传》附《乌古论先生传》接续有云：

> 车驾（按，即金哀宗完颜守绪）将至蔡，生（按，即乌古论先生）欲遁无所往，因自言能使军士服气不费粮。

人以为妄，遂止。《金史》于此接续云：

（生）复求入见（哀宗），言有诡计可以退敌。及见，长揖不拜，且多大言，欲出说大帅喷盏为脱身计。

哀宗怒而杀之。

左道惑人，佐己是实。唐中宗之世，赵彦昭累迁中书侍郎、同中书门下平章事。《新唐书·赵彦昭传》于此有云：

唐中宗李显像

彦昭本以权幸①进，中宗时，有巫赵挟鬼道出入禁掖，彦昭以姑事之。（彦昭）尝衣妇服，乘车与妻偕谒（巫），其得宰相，巫力也。

唐睿宗即位，终贬江州别驾，卒。

惑人可原，自惑难原。《明史·武宗本纪》有云：

（正德十四年二月）己丑，帝自加太师，谕礼部曰："总

① 权幸：有权势而得帝王宠爱的奸佞之人。

督军务威武大将军总兵官太师镇国公朱寿（按，明武宗自改名）将巡两畿、山东，祀神祈福，其具仪以闻。”

其自署官号，冠履之分荡然。于是群官进谏，至有自刃以谏者，而武宗不悟。

治国以正，不以奇邪。举事之一。《北史·隋本纪上》云：

（隋文帝开皇十八年）夏五月辛亥，诏畜猫鬼蛊毒厌魅野道之家①，投于四裔②。

举事之二。《元史·成宗本纪》亦云：

（大德五年秋七月）癸丑，诏禁畏吾尔僧、阴阳、巫觋③、道人、咒师，自今有大祠祷必请而行，违者罪之。

治事以正，不以奇邪。举事之一。田仁会疾恶如仇，有丝毫奸必发，京师无贵贱皆惮之。时仁会为右金吾将军，时在唐高宗之世。《新唐书·田仁会传》于此接续云：

---

① 猫鬼：即猫蛊，诅咒人死亡的妖术。蛊毒：以神秘方式配制的巫化了的毒物，如犬蛊、蛇蛊、蜘蛛蛊等。厌魅：用迷信方法祈祷鬼神以迷惑或伤害别人。

② 四裔：四方边远之地。

③ 巫觋（xí）：女巫为巫，男巫为觋。

巫传鬼道惑众，自言能活死人，市里尊神，仁会劾徙于边。

举事之二。方士林灵素用事，郡人班自改《易·系辞》为妖言，以应灵素。《宋史·刘汲传》于此接续云：

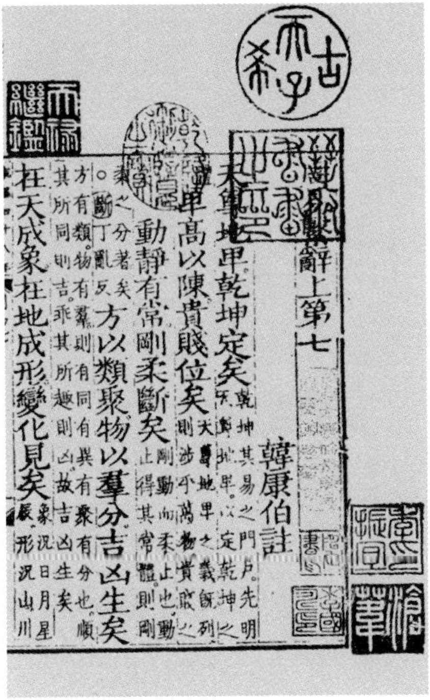

繫辭上第七

韓康伯註

天尊地卑乾坤定矣 乾坤其易之門戶先明天尊地卑以定乾坤之體

卑高以陳貴賤位矣 天尊地卑之義既列則涉乎萬物貴賤之位明矣

動靜有常剛柔斷矣 剛動而柔止也動止得其常體則剛柔之分著矣

方以類聚物以羣分吉凶生矣 方有類物有羣則有同有異有聚有分也順其所同則吉乖其所趣則凶故吉凶生矣

在天成象在地成形變化見矣 象況日月星辰形況山川

《易·系辞》书影

汲（按，时在宋徽宗之世，时汲通判隆德府）摄守①，下

① 摄守：掌管。

自（按，即班自）狱。灵素荐自有道，命转运使陈知存按验，掾史惧，欲变狱。汲责数①掾史，知存惮之，卒以实闻。

政者正也，言之以正，行之以正，光明正大，公义炳然。孔子曰：“执左道以乱政者杀，假鬼神以危人者杀。”② 信矣夫！《左传》曰：“虽其善祝，岂能胜亿兆人之诅？”③ 悲矣夫！

孔子像（任司寇时）

① 责数：责备数说。

② 转引自《旧唐书·桓彦范传》。

③ 转引自《左传·昭公二十年》。祝：祝祷。诅：诅咒。

相 反

人或相反，相反者何？右玉钤卫将军孙万荣举兵反，败死后，武懿宗抚循河北。《新唐书·外戚传》附《武懿宗传》，于此接续云：

> ……人有自贼中归者，一切抵死，（懿宗）先刳取胆，乃杀之，血沫前，而举动自如。

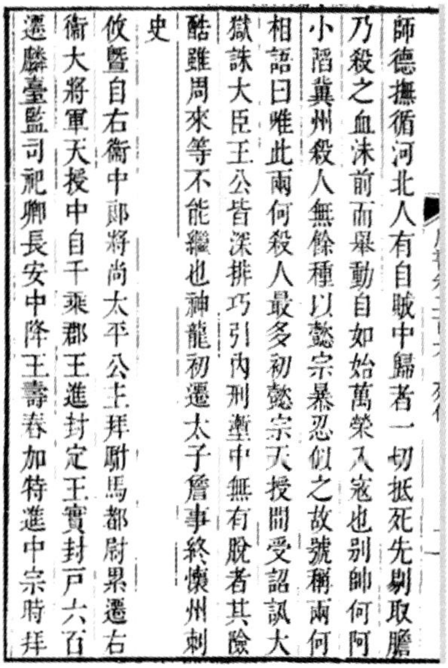
師德撫循河北人有自賊中歸者一切抵死先刳取膽
乃殺之血沫前而舉動自如始萬榮入寇也别帥何阿
小蹈冀州殺人無餘種以懿宗暴忍似之故號稱兩何
相語曰唯此兩何殺人最多初懿宗天授間受詔訊大
獄誅大臣王公皆深排巧引內刑塹中無有脫者其險
酷雖周來等不能纔也神龍初遷太子詹事終懷州刺
史
攸暨自右衛中郎將尚太平公主拜駙馬都尉累遷右
衛大將軍天授中自千乘郡王進封定王實封戶六百
遷麟臺監司祀卿長安中降王壽春加特進中宗時拜

《新唐书·武懿宗传》书影

前此，懿宗以兵二十万讨万荣，次赵州。时在则天皇帝神功元年（697），懿荣时为神兵道大总管。《新唐书》于此有云：

懿宗闻贼且至，惧不知所出，欲弃军走，或劝曰……懿宗不暇计，退保相州，贼遂进屠赵州。

其勇气何来？其胆怯何来？其举动自如，其不知所出，何其相反若是邪！

人或守一，守一者何！宋高宗建炎之初，以王伦为通问正使，朱弁为通问副使，使于金，金留之不遣。后金言可遣一人还，受书复来，弁坚请伦归。《宋史·朱弁传》于此有云：

朱弁像

伦将归，弁请曰："古之使者有节以为信，今无节有印，印亦信也。愿留印，使弁得抱以死，死不腐矣。"伦解以授弁，弁受而怀之，卧起与俱。

金诱以官，弁坚拒。金绝其食，弁不屈。金遂致礼如初。后宋使至，弁具酒食，与饮，言辞慷慨，众皆泣下。《宋史》于此接续云：

弁谈笑自若，曰："此臣子之常，诸君何悲也？"

绍兴十三年（1143），和议成，弁得归。前有与印卧起，后有谈笑自若。既怀忠来，盍怀忠去！

既请布告，又何不言！唐中宗雅信符瑞，韦巨源赞成其妖妄。《旧唐书·韦安石传》附《韦巨源传》，于此有云：

（唐中宗）景龙二年，顺天翊圣皇后（按，即唐中宗李显皇后韦氏）衣箱中裙上有五色云起，久而方歇，巨源（按，时为中书令，附韦氏）以为非常佳瑞，请布告天下，（中宗）许之。

《旧唐书》接续有言：

是岁星坠如雷，野雉皆雊①，咎征②若此，不闻巨源有言。

既有表贺，又何泣诉！辽道宗耶律洪基大康二年（1076），枢密使耶律乙辛出为中京留守，耶律庶箴表贺于朝。《辽史·耶律庶成传》附《耶律庶箴传》，于此接续云：

---

① 雊（gòu）：野鸡叫。

② 咎征：过失之报应；灾祸应验。

顷之，乙辛（按，即耶律乙辛，权臣，奸相）复为枢密使，专权恣虐①。庶箴私见乙辛泣曰："前抗表②，非庶箴之愿也。"

《辽史》接续有言：乙辛信其真，庶箴得自安，而闻者鄙之。

唐代宗李豫像

既有忠贞，又何从逆！唐代宗永泰元年（765），吐蕃犯西陲，京师戒严。代宗命诸道勤王，多不时赴。李忠臣闻命，即令整师救驾。《旧唐书·李忠臣传》于此接续云：

监军大将固请（忠臣）曰："军行须择吉日。"忠臣奋臂于众曰："焉有父母遇寇难，待拣好日方救患乎！"即日进发。自此方隅③有警，忠臣必先期而至。

后是，泾原兵变，唐德宗播迁，朱泚称帝。时忠臣为唐之检

---

① 恣虐：任意残害、作恶。

② 抗表：向皇帝上奏章。

③ 方隅：四方和四隅。此借指边疆。

校司空、平章事。《新唐书》于此有云：

> 及朱泚（按，叛前为唐之太尉）反，以（忠臣）为伪司空、兼侍中。泚率兵逼奉天（按，唐德宗逃亡至此），命忠臣京城留守。

未几泚败，忠臣被诛。前有奋臂于众，后有为贼留守，驯致其道者何也！

识昧存亡，行非纯一，贻耻后世，可不鉴乎！

谢之

基于礼，基于诚，基于正，基于反思，基于改过，美哉谢之！

责之以礼，谢之以礼。刘邦起兵，过高阳，郦食其求见。《史记·高祖本纪》于此接续云：

汉高祖刘邦像

沛公（按，即刘邦，杀秦沛令以自立）方踞床，使两女子洗足。郦生（按，即郦食其，时为秦高阳监门）不拜，长揖，曰：“足下必欲诛无道秦，不宜踞见长者。“于是沛公起，摄衣①谢之，延上坐。

责之以诚，谢之以诚。元仁宗御便殿，李孟进言。时在至大四年（1311）夏四月丁卯，时元武宗已崩，未改元，时李孟以中书平章政事领国子监学。《元史·仁宗本纪》于此记李孟之言云：

元仁宗爱育黎拔力八达像

陛下御极，物价顿减，方知圣人神化之速，敢以为贺。

《元史》于此接续云：

帝蹙然曰：“卿等能尽力赞襄②，使兆民乂安，庶几③天

① 摄衣：整饬衣装；提起衣襟。

② 赞襄：辅助，协助。

③ 庶几：或许可以。

心克享。至于秋成，尚未敢必。今朕践阼曾未逾月，宁有物价顿减之理。朕托卿甚重，兹言非所赖也。”孟愧谢。

赵鼎像

责之以正，谢之以正。《宋史·赵鼎传》云：

初，（宋高宗）车驾还临安，内侍移竹栽入内，鼎（按，时为尚书左仆射、同中书门下平章事兼枢密使）见，责之曰：“艮岳（按，宋徽宗时之宫苑名）花石之扰，皆出汝曹，今欲蹈前辙耶？”因奏其事，上改容①谢之。

忠诚所在，反思深焉。杨坚为隋国公，引陈茂为僚佐。与北齐师战晋州，齐师盛，坚将挑战，茂固止之。《隋书·陈茂传》于此有云：

① 改容：改变仪容；动容。

高祖（按，即隋文帝杨坚，时为北周宰相）忿之，拔刀斫其额，流血被面，（茂）词气不挠。高祖感而谢之，厚加礼敬。

大义所在，反思深焉。隋炀帝大业之初，陈孝意为鲁郡司法书佐。《北史·陈孝意传》于此有云：

太守（按，即鲁郡太守）苏威尝欲杀一囚，孝意固谏，不许。孝意因解衣请先受死，良久，威意乃解，谢而遣之。

情理所在，反思深焉。胡宿知湖州，前守滕宗谅大兴学校，费钱数十万。宗谅去，通判、僚吏皆疑以为欺，不肯书历。《宋史·胡宿传》于此接续云：

岳阳楼景区“双公祠”（左范仲淹，右滕宗谅）雕像

宿（按，时为湖州太守，时在宋仁宗之世）诮之曰："君辈佐滕侯（按，即滕宗谅，为湖州前太守）久矣，苟有过，盍不早正？乃阴拱以观①，俟其去而非之，岂昔人分谤②之意乎？"坐者大惭谢。

谢者多惭，何邪？

① 阴拱以观：暗中坐观成败。

② 分谤：分担别人受到的诽谤。

甘 心

甘心尽节。窦宪擅权，周荣论奏，宪客胁之曰："窦氏刺客今至矣，子宜备之。"《后汉纪·孝和皇帝纪》于此有云：

《窦宪封燕然山铭》拓片（局部）

> 荣曰："荣乃江淮孤生，蒙先帝（按，即东汉明帝刘庄）大恩，备宰士①正，为窦氏所害，诚所甘心。常敕妻子，苍卒②遇飞祸，无得殡敛，冀以区区腐身以悟朝廷。"

---

① 宰士：宰相之属官。

② 苍卒：亦作"仓卒""仓促"。

窦氏败，荣召为显官，至尚书、郡守。

甘心请命。虢于东、西京为近州，乘舆所至，常税厩刍，韩休请均赋他郡，人或有异议。休时为虢州刺史，时在唐玄宗之世。《新唐书·韩休传》于此接续云：

……休曰："刺史幸知民之敝而不救，岂为政哉？虽得罪，所甘心焉。"讫①如休请。

齐桓公像（汉画像石）

甘心者甘之如饴，甘心者了无遗憾。

甘心除之。齐襄公醉杀鲁桓公，淫于妇人，数欺大臣。于是，群弟恐，公子纠奔鲁，小白奔莒。公孙无知弑襄公自立，旋被杀，齐乱。小白先入立，是为齐桓公。鲁送公子纠于道，桓公发兵拒鲁，败之。《史记·齐太公世家》于此有云：

齐遗鲁书曰："子纠（按，即公子纠）兄弟，

① 讫：完结，终了。

弗忍诛，请鲁自杀之。召忽、管仲（按，皆公子纠之傅，随入鲁）仇也，（齐）请得而甘心醢①之。不然，将围鲁。”

于是鲁杀公子纠，召忽自杀。于是管仲请囚，而卒为齐执政。

管仲像

甘心死之。田广将二十万众，军于历城。郦生往说之，田广乃罢历城战备。韩信忌之，夜起兵袭齐。田广以为郦生卖己，乃

① 醢：古代的一种刑罚，将人剁成肉酱。

曰："汝能止汉军，我活汝；不然，我将亨①汝！"②《史记·郦生陆贾列传》于此接续云：

> 郦生（按，即郦食其，时为汉广野君，时在秦汉之际）曰："举大事不细谨，盛德③不辞让。而公不为若更言④！"齐王（按，即田广）遂亨郦生，引兵东走。

郦食其像

甘心者心有不甘，甘心者或有憾焉。

---

① 亨：通"烹"。

② 见《史记·郦生陆贾列传》。

③ 盛德：大德之人。

④ 而公不为若更言：你老子不会替你再去游说韩信。

骇 愕

出人意表，致人骇愕，促人陡转，达己之志。

刘宁为大同副总兵，入贡者数万人怀异志，时在明孝宗之世。《明史·刘宁传》于此有云：

> 宁率二十骑直抵其营，众骇愕。

《明史》接续有云：宁下马，与诸部长坐谈。有语不逊者，宁奋臂起，掴其面，其长叱之退。“宁复坐与语，呼酒欢饮，皆感悟，卒如约。”①

骇其来，骇其烈，骇其闲，骇其胆智非凡！

明穆宗隆庆年间，总兵官戚继光总理冀、辽，任练兵事，因请调浙兵三千人以倡勇敢。《明史·兵志》于此接续云：

---

① 见《明史·刘宁传》。

及至，待命于郊，自朝至日中，天雨，军士跬步不移，边将大骇。自是冀兵以精整①称。

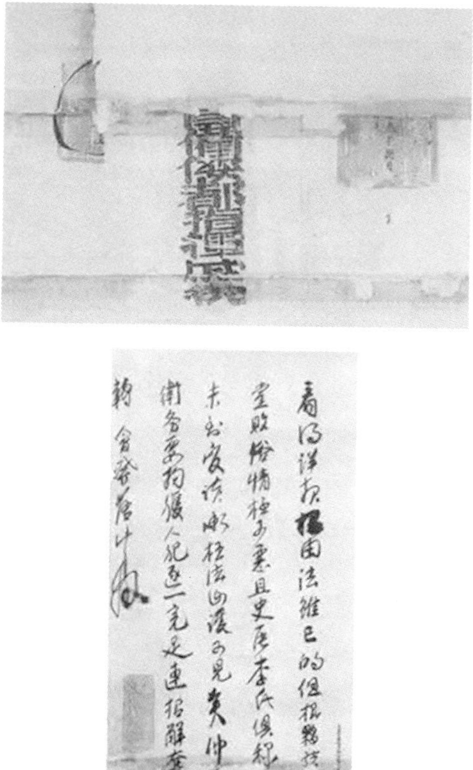

戚继光签批申文

骇其雨中，骇其时长，骇其不移，骇其勇敢超凡！

惊人魂魄，致人骇愕，迫人屈从，成己之恶。

---

① 精整：精良整饬。

《旧唐书·昭宗本纪》云：文德元年（888）二月，僖宗不豫，军民骇愕。及至驾崩，皇太弟柩前即位，是为昭宗。《旧唐书》接续有云：

唐昭宗和陵碑

（乾宁四年二月）甲寅，华州防城将花重武告睦王（按，即李倚，唐懿宗子，唐僖宗、唐昭宗弟）已下八王欲谋杀韩建（按，时为华商节度使、潼关守捉使，检校太尉、平章事，兼中书令），移车驾幸河中。帝（按，即唐昭宗李晔）闻之骇然，召韩建谕之，建辞疾不敢行。

先是，韩建无君之迹已显。后是，韩建矫诏发兵，尽杀诸王，而以谋逆闻。

皇室式微，权臣行逆，可骇也，亦无可骇也。

明熹宗即位，魏忠贤以司礼秉笔太监，专东厂之事。《明史·刑法志》于此有云：

有四人夜饮密室，一人酒酣，谩骂魏忠贤，其三人噤不敢出声。骂未讫，番人摄四人至忠贤所，即磔①骂者，而劳三人金。三人者魄丧不敢动。

皇权旁落，阉竖恣睢，可骇也，亦无可骇也。

骇愕有疑，疑而有叹。李少君见汉武帝，武帝有故铜器，问少君。《史记·封禅书》于此接续云：

少君曰："此器齐桓公十年陈于柏寝（按，即柏寝台，春秋齐台名）。"已而案其刻，果齐桓公器。一宫尽骇，以为少君神，数百岁人也。

齐柏寝台遗址（位于今山东广饶）

骇愕有惧，惧而无为。东晋孝武帝之立，徐州小吏卢悚诈言

① 磔（zhé）：古代的一种酷刑，把肢体分裂。

海西公司马弈将还，以众攻入殿庭。《魏书·僭晋司马睿列传》于此接续云：

时门下军校并假兼①，在直吏士骇愕不知所为。

变乱平息，死者众也。

骇愕有悲，悲而有痛。永嘉之乱，晋怀帝被掳，大司马王濬自领尚书令，潜谋僭越，使问霍原，原不答，濬心衔之。会有囚徒三百人，依山为贼，意欲劫原为主事。时有谣曰："天子在何许？近在豆田中。"濬以豆为霍，收原斩之，悬其首。《晋书·霍原传》于此接续云：

诸生（按，霍原隐居，闭门授徒）悲哭，夜窃尸共埋殡之。远近骇愕，莫不冤痛之。

己恶成矣，众怒成矣。

骇愕有愤，愤而有备。后晋少帝开运元年（944），契丹大举南犯，后晋危如累卵。开运三年（946）十二月十日，邺都留守杜重威等以全军降于契丹。十七日，相州节度使张彦泽受契丹命，陷京城，迁少帝于开封府。《旧五代史·汉书·高祖本纪》于此接续云：

---

① 假兼：兼任，暂代官职。

帝（按，即后汉高祖刘知远，时为幽州道行营招讨使兼北面行营都统，北平王，加守太尉）闻之大骇，分兵守境，以备寇患。

后汉高祖刘知远像

少帝北迁，后汉建立。

好 生

禁之何其严。《旧唐书·代宗本纪》有云：

(唐代宗大历九年) 三月丙午，禁畿内①渔猎采捕，自正月至五月晦，永为常式。

唐章怀太子李贤墓《狩猎出行图》壁画

① 畿内：京城管辖之地区。

戒之何其明。《旧唐书·德宗本纪》有云：

（贞元十一年）十二月戊辰，上（按，即唐德宗李适）猎苑中，戒多杀，止①行三驱之礼，劳士而还。

唐懿德太子墓《驯豹图》壁画

王者之德，在乎好生；② 好生之义，非止于人。

① 止：仅，只。

② 王者之德，在乎好生：转引自《旧唐书·德宗本纪》，原文为："朕以王者之德，在乎好生；人君之体，务于含垢。"

罢之难亦易。禁中以羽毛为服玩，诏市于南越。《宋史·曹修古传》于此有云：

修古（按，时以太常博士为监察御史，时在宋仁宗之世）以谓重伤物命，且真宗（按，即宋真宗赵恒）时尝禁采狨①毛，故事未远。（仁宗）命罢之。

宋仁宗赵祯像

① 狨：即绢毛猴，毛呈丝绒状，色泽多样。

用之易亦难。大业二年（606）三月庚午，隋炀帝车驾发江都。先是，太府盛修仪仗，于是课州县送羽毛。《北史·隋本纪》于此接续云：

> 百姓求捕之，网罗被水陆，禽兽有堪氅毦①之用者，殆无遗类。至是而成。

轻乎其轻，羽毛乎？重乎其重，羽毛乎？宋仁之“仁”，隋炀之“炀”，其易得乎？

---

① 氅毦（chǎng ěr）：一种羽毛饰物。

蔑 如

视之蔑如，或出性情。韦安石历则天皇帝、中宗、睿宗、玄宗之世，位至侍中、中书令，为政清严。其子韦陟风采严整，独立不群。《旧唐书·韦安石传》附《韦陟传》于此有云：

> （陟）自以才地①人物，坐取三公，颇以简贵自处，善诱纳后进，其同列朝要，视之蔑如也。

唐肃宗李亨像

陟历中宗、睿宗、玄宗、肃宗之世，位至中书舍人、吏部侍郎、御史大夫，为权臣李林甫、杨国忠所挤，常郁郁不得志，遘

① 才地：才能和门第。

疾而卒。

视之蔑如，或出不端。唐代宗之世，陈少游先桂州刺史、桂管观察使，而后宣州刺史、宣歙池都团练观察使，而后越州刺史、浙东观察使，而后扬州大都督府长史、淮南节度观察使。十余年间，少游三总大藩，皆天下殷厚之处。《旧唐书·陈少游传》于此有云：

（少游）以故征求贸易，且无虚日，敛积财宝，累巨亿万，多赂遗①权贵，视文雅清流之士，蔑如也。

唐德宗李适像

唐德宗即位，少游累加检校礼部、兵部尚书，而后又加检校左仆射，而后又加同平章事。淮南节度使李希烈反，少游厚结之。希烈平，少游惭惶发疾，数日而卒。

视之蔑如，或出篡逆。石勒称帝，右长史程遐于是言于石勒曰：

① 赂遗：以财物赠送或买通他人。

后赵石勒像

中山王（按，即石虎，时为太尉兼尚书令）勇武权智，群臣莫有及者。观其志也，自陛下之外，视之蔑如。①

虎之残暴多奸，中外所睹，独勒不见，故于谏言，亦不听焉。勒死，虎篡位，大肆其暴，后赵衰微矣。

或春风得意，或飞黄腾达，或目空一切，不一而足是也。

① 见《晋书·石勒传》。

清　慎

唐玄宗李隆基像

兄弟清慎，于斯可见。李暠为汝州刺史，时在唐玄宗开元之初。《旧唐书·李暠传》于此有云：

> （暠）与兄昪弟翬，尤相笃睦①，昪等每月自东都省暠，往来微行，州人不之觉，其清慎如此。

父子清慎，于斯可见。胡威定省，家贫，无车马僮仆，驱驴单行。每至客舍，躬自牧放，取樵炊食。《晋书·胡威传》于此接

① 笃睦：淳厚和睦。

续云：

曹魏文帝曹丕像

既至（按，自京都至荆州），见父，停厩中十余日。告归，父赐绢一匹为装。威曰："大人清高，不审①于何得此绢？"质（按，威之父，时为荆州刺史，时在曹魏文帝之世）曰："是吾俸禄之余，以为汝粮耳。"威受之，辞归。

《晋书》于此云：父子清慎如此，名誉闻于天下。

其为刺史，人不知也。唐太宗贞观中，贾敦颐历迁沧州刺史。《旧唐书·贾敦颐传》于此有云：

（敦颐）在职清洁，每入朝，尽室而行，唯弊车一乘，羸马数匹，羁勒②有阙，以绳为之，见者不知其刺史也。

其为权贵，人称之也。庾冰乃晋明帝明穆皇后之兄。晋成帝

① 不审：不明白，不知道。

② 羁勒：马络头。

之世，其位至中书监、扬州刺史。晋康帝之世，其位至车骑将军、江州刺史。《晋书·庾亮传》附《庾冰传》有云：

冰天性清慎，常以俭约自居。中子袭（按，即庾袭）尝贷①官绢十匹，冰怒，捶之，市绢还官。

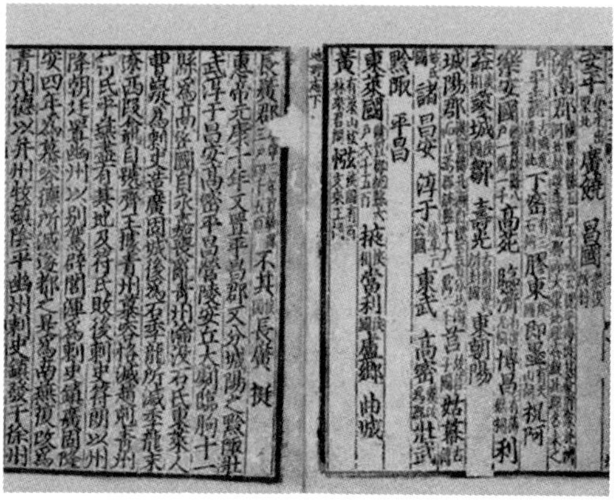

《晋书》书影

《晋书》接续有云：

及（冰）卒，无绢为衾。又室无妾媵②，家无私积，世以此称之。

由清而慎，由慎而清，清慎者何憾之有！

① 贷：借。

② 妾媵：泛指侍妾。

奢 靡

食日万钱，无下箸处，何耶？《晋书·何曾传》云：

（曾）帷帐车服，穷极绮丽，厨膳滋味，过于王者。每燕见①，不食太官所设，帝（按，即西晋武帝司马炎）辄命（曾）取其食。蒸饼上不拆作十字不食。食日万钱，犹曰无下箸处。

何曾先后为太尉、太傅、太宰，时在西晋武帝之世。及其卒也，因其奢，人或请谥“缪丑”。虽不从之，其丑可泯乎？

醉酒肆游，动连日夜，何耶？《宋书·五行志》云：

晋司马道子（按，东晋末权臣，封会稽王）于府北园内

① 燕见：帝王退朝闲居时召见或接见臣子。此指宫廷宴会。

为酒炉列肆，使姬人酤鬻酒肴，如裨贩①者，数游其中，身自买易，因醉寓寝，动连日夜。

道子先被废徙，后被毒杀。

《韩熙载夜宴图》（局部）（故宫博物院藏）

内忧外患，不恤民急，何耶？《史记·韩世家》云：

（韩昭侯）二十五年，旱，作高门。

或曰：往年秦拔韩之益阳，今年旱，韩昭侯不恤民之急，而顾益奢。昭侯不出此门矣。《史记》于此接续云：

（韩昭侯）二十六年，高门成，昭侯卒，果不出此门。

① 裨贩：同“稗贩”。小贩，引申为贩卖。

居高自持，不思人言，何耶？马援征交趾，振旅而还。月余后，匈奴、乌桓寇扶风，援请行，许之，诏百官饯行。时在汉光武帝建武二十年（44）十二月，时援为伏波将军。《后汉书·马援传》于此接续云：

> 援谓黄门郎梁松、窦固曰："凡人为贵，当使可贱，如卿等欲不可复贱，居高坚自持，勉思鄙言。"松后果以贵满致灾，固亦几不免。

梁松死狱中，窦固禁家中。《后汉纪·光武皇帝纪》于此有言："有识闻援（按，即马援）言，无不叹息。"

伏波将军马援塑像

心有所惑，谏之则止，何耶？唐太宗尝怪：舜造漆器，谏者十余上，小物何必尔邪？褚遂良曰：奢靡之始，危亡之渐也。漆器不止，必金为之，金又不止，必玉为之。及夫横流，则无复事矣。《新唐书·褚遂良传》于此接续云：

“帝咨美①之。”

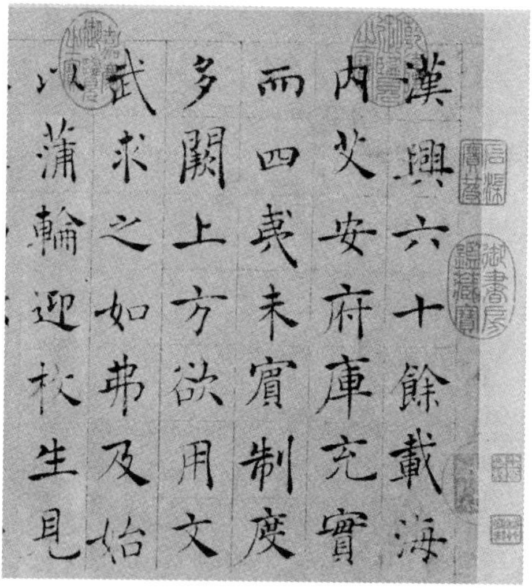

褚遂良《倪宽赞》（局部）
（台北故宫博物院藏）

俭，德之共也；侈，恶之大也。② 吾信矣夫！

---

① 咨美：叹美；赞美。

② 转引自《左传·庄公二十四年》。

饰　非

饰功者何，不问可乎？明神宗万历十九年（1591）春，辽东总兵李成梁令副将李宁袭鞑靼于镇夷堡，获老弱二百八十余级。《明史·郝杰传》于此接续云：

> 师旋①，为别部所遮，宁先走，将士数千人失亡大半，成梁饰功邀叙②。

郝杰时以右佥都御史巡抚辽东，于是具奏草，直言其故。帝置成梁不问，而心以杰为不欺。

以败为捷，褫职可乎？

> （宋理宗绍定五年）夏四月癸亥，以宝章阁直学士桂如渊

---

① 旋：返回。

② 邀叙：邀赏。

（按，时为四川制置使）顷帅蜀日，北兵（按，即蒙古兵）攻城，不能合谋死守而遁，致军民罹殃，反以捷闻，诏褫职罢祠①。②

饰诈者何，疑有解乎？唐代宗大历中，淫雨坏河中府盐池，其味多苦。《新唐书·乔琳传》附《蒋镇传》于此有云：

古代制盐图

韩滉判度支，虑减常赋③，妄言池生瑞盐，王德之美祥④。

---

① 祠：祠禄，官名。宋制，大臣罢职，令管理道教宫观，以示优礼，借名食禄，无职事。

② 见《宋史·理宗本纪》。

③ 虑减常赋：顾虑盐户减税。

④ 美祥：吉兆。

代宗疑之，命蒋镇驰驿检视。《新唐书》于此接续云：

镇（按，时为谏议大夫）内欲结滉，故实其事，表置祠房，号池曰“宝应灵庆”云。

饰名者何，刺之可乎？汉成帝绥和元年（前8），王莽拜大司马，时年三十八。莽欲令名誉过前，遂克己忘倦，招延贤良，赏赐俸禄尽以享士。《汉纪·孝成皇帝纪》于此接续云：

（莽）身执谦约①，母病，公卿列侯遣夫人问疾，莽妻迎之，衣不曳地，着布蔽膝。见者以为僮仆②，使人问，乃知其夫人，其饰名如此。

王莽新朝“五铢”钱

① 谦约：谦慎检束。

② 僮仆：仆役。

饰真者何，非之可乎？向秀注《庄子》，于旧注外而为新解。其妙演奇致，大畅玄风，惟《秋水》《至乐》二篇未竟而卒。《晋书·郭象传》于此有云：

> 象（按，即郭象，西晋玄学家，历司徒掾、黄门侍郎、太傅主簿）为人行薄①，以秀（按，即向秀，三国至西晋初哲学家、文学家，历黄门侍郎、散骑常侍）义不传于世，遂窃以为己注，乃自注《秋水》《至乐》二篇，又易《马蹄》一篇，其余众篇或点定文句而已。

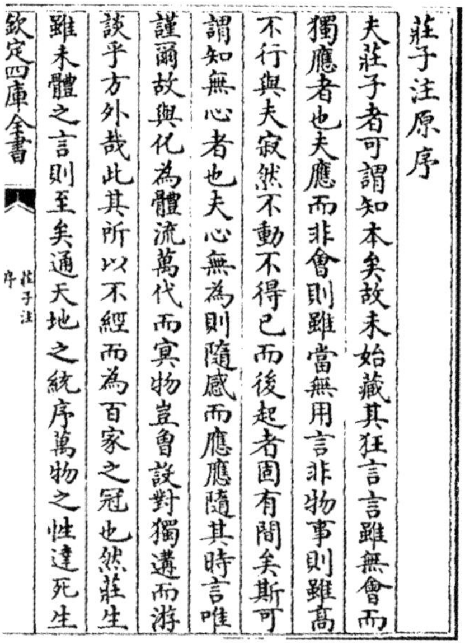
莊子注原序
夫莊子者可謂知本矣故未始藏其狂言言雖無會而獨應者也夫應而非會則雖當無用言非物事則雖高不行與夫寂然不動不得已而後起者固有間矣斯可謂知無心者也夫心無為則隨感而應應隨其時言唯謹爾故與化為體流萬代而冥物豈曾設對獨遘而游談乎方外哉此其所以不經而為百家之冠也然莊生雖未體之言則至矣通天地之統序萬物之性達死生

欽定四庫全書　莊子注　序

郭象《庄子注》书影

① 行薄：品行卑鄙。

饰非者何，烹之可乎？齐威王召即墨大夫，语之曰：“自子之居即墨也，毁言日至。然吾使人视即墨，田野辟，民人给，官无留事，东方以宁。是子不事吾左右以求誉也。”① 于是封之万家。《史记·田敬仲完世家》于此接续云：

> （齐威王）召阿大夫语曰：“自子之守阿，誉言日闻。然使人视阿，田野不辟，民贫苦。昔日赵攻甄，子弗能救。卫取薛陵，子弗知。是子以币厚吾左右以求誉也。”是日，烹阿大夫，及左右尝誉者皆并烹之。

即墨大夫塑像

① 见《史记·田敬仲完世家》。

于是，齐击赵、击卫、击魏，皆服从之。《史记》于此接续云：齐国震惧，人人不敢饰非，务尽其诚。齐国大治。

饰功大逆，饰诈大恶，饰名大丑，饰真非真，皆饰非也。

温 清

温清脉脉，不废日月。《魏书·崔挺传》附《崔孝芬等传》有云：

> 始挺兄弟同居，孝芬叔振既亡之后，孝芬等奉承①叔母李氏，若事所生，旦夕温凊，出入启觐，家事巨细，一以咨决。

温凊脉脉，如履薄冰。李皋为衡州刺史，坐法贬潮州刺史，复拜衡州，时在唐肃宗之世。《旧唐书·李皋传》于此有云：

> 初，皋（按，嗣曹王，唐太宗李世民五世孙，曹王李明玄孙）为御史覆讯②，惧贻太妃（按，即太妃郑氏，皋之母）忧，竟出则素服，入则公服，言貌如平常，太妃竟不知。及

---

① 奉承：侍奉。

② 覆讯：审讯。

为潮州，诡辞谓迁，至是复位，方泣以白，且言非疾不敢有闻。

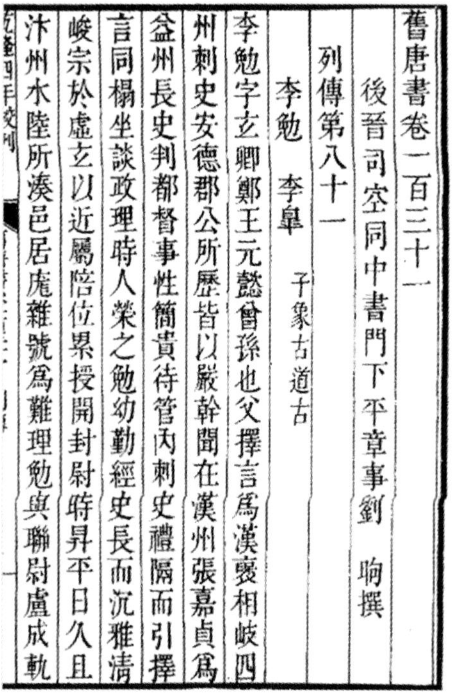
舊唐書卷一百三十一
後晉司空同中書門下平章事劉 昫撰
列傳第八十一
李勉 李皐 子象古道古
李勉字玄卿鄭王元懿曾孫也父擇言爲漢褒相岐四州刺史安德郡公所歷皆以嚴幹聞在漢州張嘉貞爲益州長史判都督事性簡貴待管內刺史禮隔而引擇言同榻坐談政理時人榮之勉幼勤經史長而沉雅清峻宗於虛玄以近屬陪位累授開封尉時昇平日久且汴州水陸所湊邑居庬雜號爲難理勉與聯尉盧成軌

《旧唐书·李皋传》书影

温凊脉脉，周流人心。《新唐书·赵隐传》有云：

懿宗（按，即唐懿宗李漼）诞日，宴慈恩寺，隐（按，时为中书侍郎，同中书门下平章事）侍母以安舆①临观，宰相

① 安舆：安车。

方率百官拜恩于廷，（隐）即回班候夫人起居，搢绅以为荣。

陕西西安慈恩寺塔

温清为孝，非止于孝，亦近于忠。

尊　学

尊崇之事，尊学为大。

元世祖至元六年（1269），杨果出为怀孟路总管，“大修学庙”①。一个“大”字，何可遏也！

元成宗之世，王构起为济南路总管。《元史·王构传》于此有云：“学田②为牧地所侵者，（构）理而归之。”一个“理”字，何可争也！

明宪宗成化之初，杨继宗擢嘉兴知府。《明史·杨继宗传》于此有云：

> 民间子弟八岁不就学者，罚其父兄。遇学官以宾礼。师儒竞劝，文教大兴。

① 见《元史·杨果传》。

② 学田：办学用的公田，以其收入作为学校经费。

一个“罚”字，何可言也！

明宪宗朱见深像

尊学之大，尊儒为先。

帝王之师，岂能不拜？《旧五代史·周书·太祖纪》云：

(广顺二年）八月乙酉朔，帝（按，即后周太祖郭威）幸曲阜县，谒孔子祠。既奠，将致拜，左右曰：“仲尼，人臣也，无致拜。”帝曰：“文宣王（按，即孔子），百代帝王师也，得无①敬乎！”即拜奠于祠前。

肃揖为轻，再拜可矣。《宋史·仁宗本纪》云：

---

① 得无：犹言“能不”。

（庆历四年五月）壬申，幸国子监谒孔子，有司言旧仪止肃揖①，帝特再拜。赐直讲②孙复五品服。

曲阜孔庙杏坛

古今之师，侮渎可乎？《旧唐书·文宗本纪》云：

（太和六年二月）己丑，寒食节，上（按，即唐文宗李昂）宴群臣于麟德殿。是日，杂戏人弄孔子，帝曰："孔子，古今之师，安得侮渎③。"亟命驱出。

---

① 肃揖：恭敬地拱手行礼。

② 直讲：官名。辅助博士讲授经学。

③ 侮渎：侮辱亵渎。

天下圣贤，不礼可乎？北魏孝文帝之世，高允进爵咸阳公，加镇东将军。寻授使持节、散骑常侍、征西将军、怀州刺史。允时年将九十矣。《魏书·高允传》于此有云：

允秋月巡境，问民疾苦。至邵县，见邵公（按，即召公姬奭，周初名臣）庙废毁不立，乃曰："邵公之德，阙而不礼，为善者何望。"乃表闻①修葺之。

召公姬奭塑像

天下圣贤，礼之可矣。北魏宣武帝之世，李平先以司徒左长史、河南尹，行相州事，寻正刺史，加征虏将军。《魏书·李平传》于此有云：

---

① 表闻：上表申闻于上。

平劝课农桑，修饰①太学，简试②通儒以充博士，选五郡聪敏者以教之。图孔子及七十二子于堂，亲为立赞③。

《孔子圣迹图·泰山问政》

向儒之心，唯实唯细。清圣祖康熙二十四年（1685）乙丑春正月癸酉，享太庙。《清史稿·圣祖本纪》于此有云：

（清圣祖）谕曰：“赞礼郎读祝④，读至朕名，声辄不扬，失父前子名之义。自今俱令宣读。”

① 修饰：修整装饰。

② 简试：铨叙考试。

③ 赞：即赞文，古代一种文体，用于赞扬人物。

④ 祝：祝文。

清圣祖玄烨像

向学之心，渐谕渐明。宋太宗太平兴国八年（983），田锡由相州移知睦州。《宋史·田锡传》于此有云：

> 睦州人旧阻礼教，锡（按，时为睦州知州）建孔子庙，表请以经籍给诸生，诏赐《九经》，自是人知向学。

《左传》有言：“不害而不学，则苟而可。”① 《左传》又言：“夫学，殖也，不学将落。”②《左传》于此总言曰：无学有乱。呜呼，乱而无序，无序而乱，可乎？

---

① 转引自《左传·昭公十八年》。杜预《春秋经传集解》于此释为：“以为无害遂不学，则皆怀苟且。”

② 转引自《左传·昭公十八年》。杜预《春秋经传集解》于此释为：“殖，生长也。言学之进德，如农之殖苗，日新日益。”

细　事

细事非细，关乎民生，忽之可乎？《清史稿·高宗本纪》云：

清高宗弘历像

（乾隆七年十二月）乙卯，谕曰："江南水灾地亩涸出，耕种刻不容缓。疆吏其劝灾民爱护田牛，或给资饲养，毋得以细事置之。"

细事非细，关乎民意，忽之可乎？《金史·宣宗本纪》云：

（贞祐三年十一月戊辰）参知政事徒单思忠言："今陈言者多掇拾[1]细故，乞不送省，止令近侍局度其可否发遣。"上（按，即金宣宗完颜珣）曰："若尔，是塞言路。凡系国家者，岂得不由尚书省乎？"

背阙而坐，似细非细，拘之可矣。安史乱起，李亨即位灵武，改年号至德，李勉拜监察御史。《旧唐书·李勉传》于此有云：

大将管崇嗣于行在朝堂背阙而坐，言笑自若，勉劾之，拘于有司，肃宗（按，即唐肃宗李亨）特原之，叹曰："吾有李勉，始知朝廷尊也。"

侮笑自如，似细非细，贬之可矣。《新唐书·许敬宗传》有云：

① 掇拾：拾掇，拾取。

文德皇后（按，即唐太宗皇后长孙氏，唐高宗之母）丧，群臣衰服①，率更令欧阳询貌丑异②，敬宗（按，时为著作郎，时在唐太宗之世）侮笑③自如，贬洪州司马。

许敬宗撰，赵模书《高士廉茔兆记》碑文（局部）

弃仗游走，似细非细，免之可矣。张兴世隶西平王刘子尚为值卫，时在刘宋孝武帝刘骏之世。《宋书·张兴世传》于此有云：

---

① 衰服：丧服；穿着丧服。

② 丑异：丑陋怪异。

③ 侮笑：轻慢嘲笑。

（兴世）坐从子尚（按，即刘子尚，刘宋孝武帝刘骏第二子）入台，弃仗游走①，下狱免官。

兴世由是恭谨畏法，位至左卫将军、雍州刺史。父以子贵，其父亦致位给事中，而留乡不行。其父尝言：乐闻鼓角②，可送一部，行田吹之。兴世譬之曰："此是天子鼓角，非田舍老公所吹。"③

羊羹不及，似细非细，囚之可矣。宋文公四年（前 607）春，郑伐宋，宋使华元将，郑败宋。《史记·宋微子世家》于此接续云：

微子像

① 弃仗游走：丢下甲仗游荡。

② 鼓角：战鼓和号角。

③ 见《宋书·张兴世传》。

华元之将战，杀羊以食士①，其御②羊羹不及③，故怨，驰入郑军，故宋师败，得囚华元。

以巨观细，非惟耸人，天理所在，人欲焉逃！

---

① 食士：犒劳军士。

② 御：车夫。

③ 不及：没有吃到。

不　可

可乎？不可也。《宋史·邹浩传》有云：

纯仁（按，即范纯仁，时为颍昌府知府）属①撰乐语，浩辞。纯仁曰："翰林学士亦为之。"浩曰："翰林学士则可，祭酒②、司业③则不可。"纯仁敬谢。

范纯仁像

时在宋神宗元丰中，邹浩时

① 属：同"嘱"。

② 祭酒：即国子监祭酒，为国子监的主管官。

③ 司业：即司业国子监，协助祭酒主管监务。

为颍昌府教授。此一不可，职责使然。

可乎？不可也。《明史·姜志礼传》有云：

> 河南进玉玺，魏忠贤（按，时为司礼监秉笔太监）欲志礼疏献之。志礼不可。忠贤怒，令私人劾其衰老，（志礼）遂乞休。诏加太常少卿致仕，已而削夺。

时在明熹宗天启三年（1623），志礼时为尚宝卿。此一不可，气节使然。

明熹宗朱由校像

可乎？不可也。《清史稿·陆燿传》云：

（乾隆）三十九年，寿张民王伦为乱，去济宁二百里，有欲闭城者，燿（按，时为运河道道员）不可，曰：“寇未至闭城，示之怯也。且何忍拒吾民使散逸被贼害且胁诱①耶？”

于是备战，事亦旋定。此一不可，道义使然。

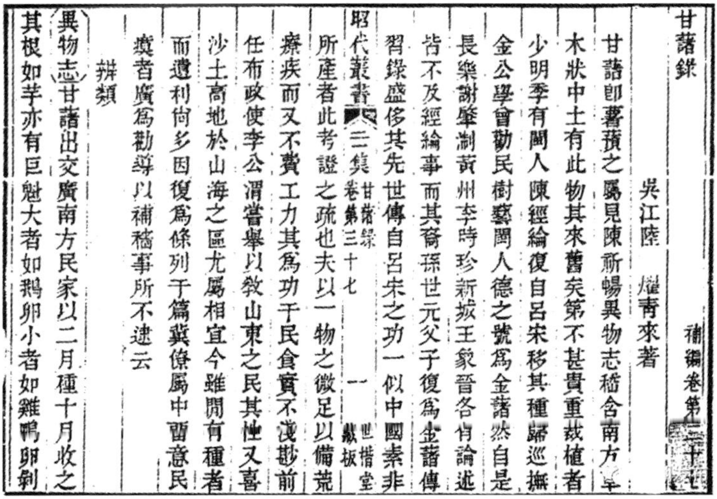
甘藷錄　　補編卷第二十七
吳江陸　燿青來著
甘藷即薯蕷之屬見陳祈暢異物志稽含南方草
木狀中土有此物其來舊矣第不甚貴重栽植者
少明季有閩人陳經綸復自呂宋移其種歸巡撫
金公學曾勸民樹藝閩人德之號爲金藷然自是
長樂謝肇淛黃州李時珍新城王象晉各有論述
皆不及經綸事而其裔孫世元父子復爲金藷傳
習錄盛侈其先世傳自呂宋之功一似中國素非
昭代叢書三集　卷第三十七　甘藷錄　一　世楷堂藏板
所產者此考證之疏也夫以一物之微足以備荒
療疾而又不費工力其爲功于民食實不淺尠前
任布政使李公渭嘗舉以教山東之民其性又喜
沙土高地於山海之區尤屬相宜今雖間有種者
而遺利尚多因復爲條列于篇冀僚屬中留意民
瘼者廣爲勸導以補稽事所不逮云
辨類
異物志甘藷出交廣南方民家以二月種十月收之
其根如芋亦有巨魁大者如鵝卵小者如雞鴨卵剝

陆燿《甘薯录》书影

可乎？不可也。郭承祐妻舒王赵元偁女，封郡主，给奉。《宋史·叶清臣传》于此接续云：

① 胁诱：威胁引诱。

及承祐为殿前副都指挥史，妻以不加封，请增月给，清臣执奏①不可。

承祐名臣后也，元偁太宗子也。时在宋仁宗之世，清臣时当为起居舍人、权三司使公事。此一不可，忠义使然。

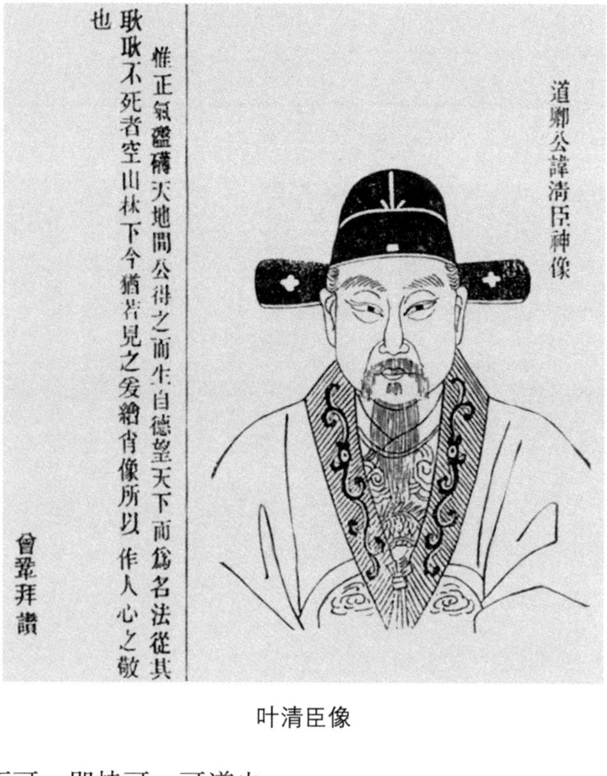

叶清臣像

持不可，即持可，可道也。

---

① 执奏：持章表上奏君主。

读 书

读书是爱好。大圜性好学，务于著述。《周书·萧大圜传》接续有云：

> 《梁武帝集》四十卷、《简文集》九十卷，各止一本，江陵（按，南梁都城，借指南梁）平后，并藏秘阁。大圜既入麟趾（按，北周武帝宇文邕开麟趾殿，招集学士），方得见之。乃手写二集，一年并毕。

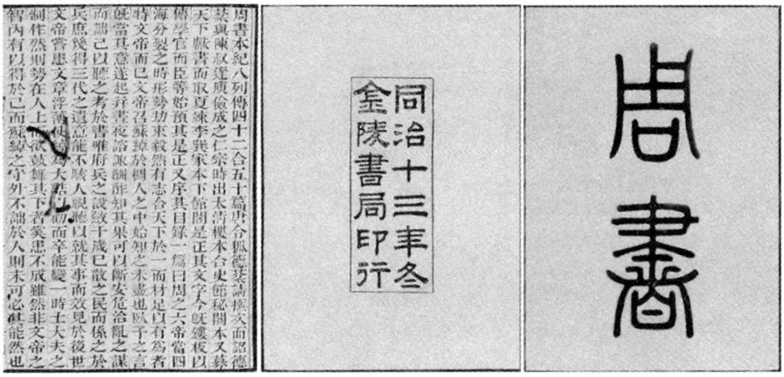
周書本紀八列傳四十二合五十篇唐令狐德棻等撰文而詔德
棻與陳叔達庾儉成之仁宗時出太清樓本合史館秘閣本又募
天下獻書而取夏竦李巽家本下館閣是正其文字今既鏤板以
傳學官而臣等始預其是正又序其目錄一篇曰周之六帝當四
海分裂之時形勢劫束殺然有志合天下於一而材足以有爲者
特文帝而已文帝召蘇綽於稠人之中始知之未盡也臥而聽之言
既當其意遂起昇晝夜語彌翮辭知其果可以斷安危治亂之謀
而詔己以聽之者於書唯府兵之設致千歲已散之民而係之於
兵庶幾得三代之遺意能不咳人睨隴以就其事而效見於後世
文帝嘗患文章浮薄欲得大體而卒能變一時士大夫之
制作然則勢在人上而欲鼓舞其下者奚患不成雖然非文帝之
智內有以得於己而確然之守外不詘於人則未可必其能然也

同治十三年冬
金陵書局印行

周書

《周书》书影

读书是传家。宋琂先后为青城主簿，著作佐郎、知绵州，监察御史、充陕西转运使，左谏议大夫、知苏州，时在宋太祖、宋太宗之世。《宋史·宋琂传》云：

琂性清简，历官三十年，未尝问家事，唯聚书以贻子孙。且曰：“使不忘本也。”

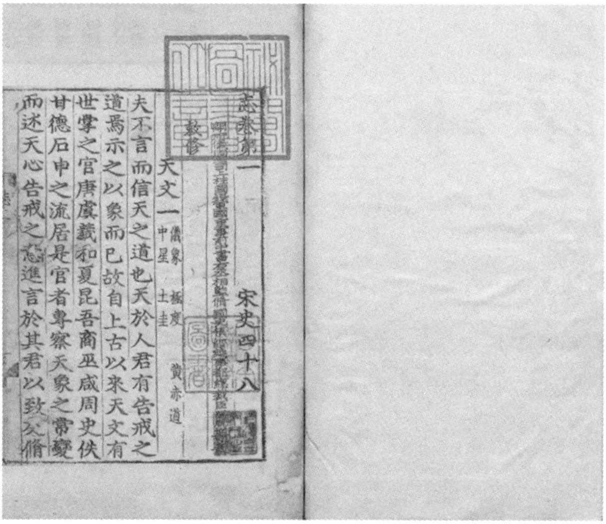
志第一　宋史四十八
天文一　儀象　極度　中星　土圭　黄赤道
夫不言而信天之道也天於人君有告戒之道焉示之以象而已故自上古以來天文有世掌之官唐虞羲和夏昆吾商巫咸周史佚甘德石申之流居是官者專察天象之常變而述天心告戒之意進言於其君以致交脩

《宋史》书影

读书是习惯。侯均积学四十年，每读书，必熟诵乃已。《元史·侯均传》于此有云：

（均）常言：“人读书不至千遍，终于己无益。”故其答诸生所问，穷索极探，如取诸箧笥①，名振关中，学者宗之。

读书是阅历。徐世隆弱冠登进士第，辟为县令，时在金正大四年（1227）。《元史·徐世隆传》于此有云：

其父戒世隆曰：“汝年少，学未至，毋急仕进，更当读书，多识往事，以益智识②，俟三十入官，未晚也。”

世隆遂辞官，益笃于学。

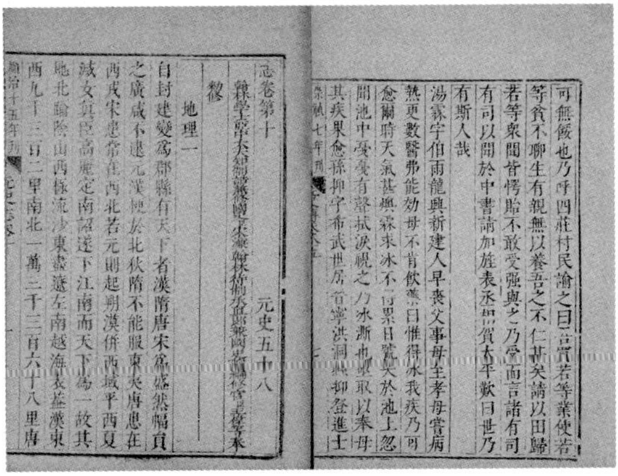
可無饑也乃呼四莊村民諭之曰吾實若等業使若
等貧不聊生有親無以養吾之不仁甚矣請以田歸
若等衆聞皆愕貽不敢受強與之乃受而言諸有司
有司以聞於中書請加旌表丞相賀太平歎曰世乃
有斯人哉
湯霖字伯雨龍興新建人早喪父事母至孝母嘗病
熱更數醫弗能効母不肯飲藥曰惟得冰我疾乃可
愈爾時天氣甚燠霖求冰不可得日號哭於池上忽
聞池中戛戛有聲拭淚視之乃冰澌也取以奉母
其疾果愈孫抑字希武世居晉寧洪洞與抑登進士

元史五十八
志卷第十
翰林學士亞中大夫知制誥兼修國史臣宋濂翰林待制承直郎同知制誥兼國史院編修官臣王禕等奉
敕修
地理一
自封建變爲郡縣有天下者漢隋唐宋爲盛然幅員
之廣咸不逮元漢梗於北狄隋不能服東夷唐患在
西戎宋患常在西北若元則起朔漠并西域平西夏
滅女真臣高麗定南詔遂下江南而天下爲一故其
地北踰陰山西極流沙東盡遼左南越海表蓋漢東
西九千三百二里南北一萬三千三百六十八里唐

《元史》书影

读书是境界。樊深性好学，老而不怠。《周书·樊深传》于此有云：

---

① 箧笥：收藏文书或衣物之竹器。

② 智识：犹智力，识见。

（深）朝暮还往，常据鞍读书，至马惊坠地，损折支体①，终亦不改。

读书是做人。薛蕙持己峻洁，于书无所不读。或诬与人关通有奸利，令解任听勘。《明史·薛蕙传》于此有云：

既而事白，吏部数移文促蕙起。蕙见璁（按，即张璁）、萼（按，即桂萼）等用事，坚卧不肯起。

明史

明史卷一　本紀第一

敕修

太祖一

太祖開天行道肇紀立極大聖至神仁文義武俊德成
功高皇帝諱元璋字國瑞姓朱氏先世家沛徙句容再
徙泗州父世珍始徙濠州之鍾離生四子太祖其季也
母陳氏方娠夢神授藥一丸置掌中有光吞之寤口餘
香氣及產紅光滿室自是夜數有光起鄰里望見驚以
為火輒奔救至則無有比長姿貌雄傑奇骨貫頂志意

《明史》书影

读书悠然，读书清苦，读书峻急，读书明达。读书有路，读书无路。有路无路，无路有路。

① 支体：指整个身体，亦指四肢。

附录

滞　后

滞后何以如白练，随风飘舞盈心间？

我读巴金的《家》时，这本小说已风行五十多年了。他八十多岁完成《 随想录》，等我买来它时，他已经九十多岁了。巴金的散文集，多为一九四九年前的文字，我见到它们时，他已经故去十八年了。

《家》《随想录》书影

一

这些滞后，是怎么造成的？这些不安，让我感到了亏欠。深夜，我读他的散文，仿佛在旷野被洗劫一般，宝贝没了，只有绝望，只好去痛苦。

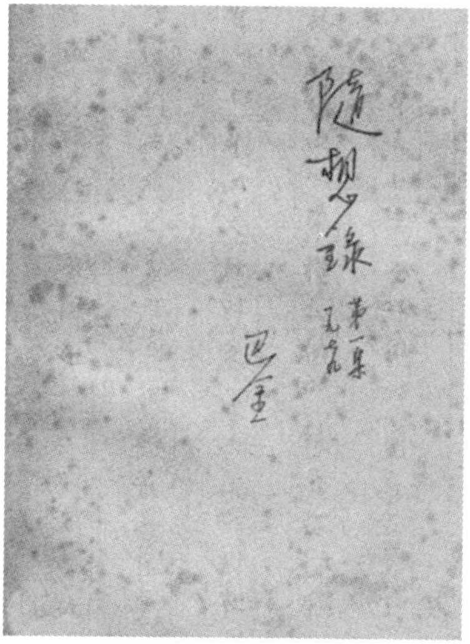

《随想录》书影（南京师范学院学报编辑部编印，最早版本）

他在《静夜的悲剧》① 里写到：“‘阻止她！’我想大声叫；‘马拉，当心！’我想叫。可是太迟了！我晚生了一百五十多年。”这不是那个沉默寡言的巴金，但他感到了滞后，他惋惜的还有刺客：“‘是不是，你说？’我几乎要叫出声来。因为我的目光又落到那个在狱窗中沉思的少女的面颜上了。”

少女刺杀了马拉，随后热月政变发生，属于少女的这一派胜了。但巴金怀疑：这不是那个少女想要的。他的痛苦传染到我。

甚至对契科夫的小说，他也要大叫，他写到：“有时候我读得

---

① 《静夜的悲剧》，收录于巴金散文集《静夜的悲剧》，最初发表于1947年10月1日《中国作家》第1卷第1号。

厌烦起来，害怕起来，我觉得一口气憋在肚子里头快要憋死我了，忍不住丢开书大叫一声。”

《我们还需要契科夫》① 是为了纪念而写。契科夫忧郁的笔调写出的，都是忧郁的人和忧郁的事。这曾让巴金难过，这难过感染到了我。

在《一个中国人的疑问》② 里，他写到：“撇开大多数人的幸福和痛苦来谈道德，等于抓起一具枯骨来硬给他装上一个灵魂！”这是巴金的呐喊，是对战乱中空谈者的控诉。在这里，他还写到：“世间绝无对人无利的道德，亦无教人求死的善行。”

这鲁迅似的反击，感染到了我。巴金的肉身再不会活过来了。活着的时候，他这样回答自己影子的质疑：“我知道，我的脚踏在寂寞上面，我的步子就显得更有力。寂寞会成为我的忠实伴侣。”

在《撇弃》③ 里，全是这些犀利的对话，这不是那个沉默寡言的巴金。在《死去》④ 中，他梦到自己死了，有人来砍他的棺盖。他写到：“‘难道你们还要来一个鞭尸的表演么？’我想着，觉得愤

---

① 《我们还需要契科夫》，收录于巴金散文集《谈契科夫》，原文有副标题“纪念契科夫逝世五十周年”，最初发表于1954年7月7日《人民文学》7月号。

② 《一个中国人的疑问》，收录于巴金散文集《废园外》之附录，最初发表于1943年12月《广州日报·漓水》。

③ 《撇弃》，收录于巴金散文集《龙·虎·狗》，最初发表于1941年11月1日《萧萧》半月刊第1期。

④ 《死去》，收录于巴金散文集《龙·虎·狗》，最初发表于1941年11月25日《自由中国》第1卷第4期。

恨把我的心烧热了。”这是那个躺在棺材里，已经“死去”的巴金的沉默，这又感染到了我。这里是呐喊，那里是呐喊，无处不是呐喊，这便是巴金吗？他早期的散文，虽有欢快，但更多的，则是对灵魂和不公的拷问。这些散文有十册之多，我并没有读完，但沉思已经弥漫。抓住时间的一面，便感到了满足，这是过去的浑浊的我。虽在浑浊中思索，终究无答案。当时间的另一面转来，我才发现更为广阔的视野，于是对过去的自己，就不再感到满意。

我的滞后，就这样被巴金的散文击碎。

二

从鲁西北的县城，赶到有泉城之称的济南，我的工作从教师变为编辑，在文字往还之间，我开始读史抄史，也开始写出所思所想。但滞后感时常袭来，这促使我想到《随想录》，促使我去看巴金这些晚年的沉思。打开巴金的《随想录》，我的心总会被烧热。在开篇的《合订本新记》中，他说：“我说过‘随想’是我的‘无力的叫喊’。”真的是这样吗？在《怀念烈文》的开头，他这样写到：“忽然有什么东西烧着我的心，我推开面前摊开的书，埋着头在抽屉里找寻什么，我找出了一份剪报，是一篇复印的文章。‘黎烈文①先生丧礼……’”

他接着写到：“这几个字迎面打在我的眼睛上，我痛了一阵

---

① 黎烈文（1904—1972），湖南湘潭人，病逝于台湾；中国现代作家、翻译家。

子，但是我清醒了。”

不是因为愤恨，而是因为怀念，他要讲出实话，讲出真话。晚年的巴金，定然是敏感的，在激荡大半生后，他的大脑更为澄澈了。

“昨夜梦见萧珊，她拉住我的手，说：‘你怎么成了这个样子？’我安慰她：‘我不要紧。’她哭起来，我心里难过，就醒了。”

这是《再忆萧珊》的开头，几次看到这些话，我忍不住悲咽。对夫人的怀念，是他晚年的课题，萧珊的骨灰，就一直放在他的卧室。

“我挥动胳膊，只是保护自己，大声叫嚷，无非想吓退鬼怪。”在《说梦》中，他继续写到：“为什么在梦里我也不敢站起来捏紧拳头朝鬼怪打过去呢？我在最痛苦的日子，的确像一位朋友责备我的那样，‘以忍受为药物，来纯净自己的灵魂’。”

几次看到这些话，我总会唏嘘。火伴着泪，还将燃烧下去，直到今天，依然没有熄灭。

《随想录》多的是苦痛。这些苦痛的声音，徘徊在我的耳畔，不肯离去。我怀疑，这么多的苦痛，究竟能惊醒多少人？人们不能醒来，难道是因为真话没有了力量？

平静的泉城，有平静的流水。我偏爱的《左传》，处处展示了因果轮回，“二十四史”里面，也充斥着天人感应，这是史家的痛苦、无奈和呐喊。望着和史书并排的《随想录》，愈发感到讲真话的艰难和可贵。于是，在那些平静的夜晚，我有了激越的心境。

三

共鸣让我的大脑开始澄澈，但滞后并没有消除。我的内心时常呐喊：是因为肤浅，因为障眼法，因为无药可救吗？我的思想是肤浅的，但巴金的深沉思考，如雪泥鸿爪，在我的思想肤浅处，留下深刻的印痕。

巴金的肉身不会活过来了，但他留下的这些文字，却让读者回到过去那个风云激荡的时代，也让我的内心激荡起时代变幻的风云。当《家》最初以《激流》之名连载于报章时，沉默寡言的巴金，在中国广大读者尤其是青年读者心中，掀起阵阵狂飙。

梅芬①死了，是死于肺病，也是死于礼教。吊唁离开时，觉慧②望着棺材，愤懑地说："一些哭声，一些话，一些眼泪，就把这个可爱的年轻的生命埋葬了。"

他甚至喊出："梅表姐，我恨不能把你从棺材里拉出来，让你睁开眼睛看个明白：你是怎样给人杀死的！"

瑞珏③死了，是死于难产，也是死于礼教。瑞珏在房内呻吟，但木板门隔开了她和觉新。觉新狂叫："珏，我在这儿，我在这儿！珏，我来了！开门！快放我进来！她要见我！你们放我进来！"

---

① 梅芬，觉新的恋人。

② 觉慧，觉新的弟弟。

③ 瑞珏，觉新的妻子。

他捶门，他伤心，他绝望。婴儿的啼声传出时，房门打开了，但瑞珏死了。

《家》里写的，远不止这些。愤懑、彷徨、呐喊，交互传递，交互激荡，充斥着读者心灵的每个角落。这个时候，我刚刚考上大学，我读着它，也被它激动着。与《随想录》一样，《家》也有着灰色的书衣，它虽感染到我，但狂热过后归于平静，其后偶有涟漪泛起。

甚至当我在鲁西北的一个小县城里，写下板书，大声给学生讲他的散文《灯》时，虽触摸到了善恶，但尚不能真正感受其中的沉闷、希望和激越。我甚至大声对学生说：你们得背过它！但这要求又太过苍白和无力。

甚至多年以后，我看到巴金在《观察人》[①] 里叙说《家》时，也没有被很深地触动。他说："有人责备我'美化'了高老太爷，说这是我的'败笔'。其实我的小说中处处都是这样的败笔，因为我的那些人物都是从生活里来的，不是从书本上来的。"

这些滞后，远远地站在那里望着我。岂止是滞后，甚至还有些懵懂。

四

现在，我买来新的《家》，把它和《随想录》放在一起，和巴金的散文放在一起，和《二十四史》等众多的史书放在一起，我

---

① 《观察人》，见巴金《随想录》。

的心开始变得熨帖①。2021 年我开始写读史札记，写出来了，也出版了。到了 2022 年，我又写了第二本，很快也出版了。这两本书里有读史的体会，更有巴金的影响。

笔者书架上的“二十四史”

治史者的严谨、克制，和着巴金的外冷内热；历史长河的激越、澎湃，和着文学家巴金的愤懑与呐喊。现实和理想，史学与文学，毫不违和地汇集一处，流进我的心海，酝酿着思想的惊涛骇浪。

我在《读史札记》的《正心》篇呼吁，“亲情可以断，友情可以断，惟有家国不可断”；我在《凌厉》篇呐喊，“铮铮之声，铮铮之骨，铮铮之节，铮铮之人。铮铮如此，亦复何求”；我在《不

---

① 熨帖（yù tiē），（用字、用词）贴切、妥帖；心里平静。

忍》篇慨叹："世上唯一不需努力就可以得到的是时光，世上唯一无论怎样努力也换不回的也是时光。时光里含着生老病死，也含着无尽的不忍和不舍。"

《读史札记》里的忠孝节义，伴随声声吐纳，穿越历史，激荡心扉，我宁愿相信，那是巴金带给我的底气。